DEN BEDSTE KARTOFFELKOGEBOG TIL NYBEGYNDERNE

100 LÆKRE OG SUNDE OPSKRIFTER

Camilla Hansson

© COPYRIGHT 2022 ALLE RETTIGHEDER FORBEHOLDES

Dette dokument er rettet mod at give nøjagtige og pålidelige oplysninger med hensyn til det emne og problem, der er dækket. Publikationen sælges med den tanke, at forlaget ikke er forpligtet til at udføre regnskabsmæssige, officielt tilladte eller på anden måde kvalificerede tjenester. Hvis rådgivning er nødvendig, juridisk eller professionel, bør en praktiseret person i erhvervet bestilles.

Det er på ingen måde lovligt at reproducere, duplikere eller sende nogen del af dette dokument hverken elektronisk eller i trykt format. Optagelse af denne publikation er strengt forbudt, og enhver lagring af dette dokument er ikke tilladt, medmindre med skriftlig tilladelse fra udgiveren. Alle rettigheder forbeholdes.

Advarsel Ansvarsfraskrivelse, oplysningerne i denne bog er sande og fuldstændige efter vores bedste viden. Alle anbefalinger er lavet uden garanti fra forfatterens eller historieudgivelsens side. Forfatteren og udgiveren fraskriver sig og hæfter i forbindelse med brugen af disse oplysninger

Indholdsfortegnelse

INTRODUKTION 10

KARTOFFELSALAT OPSKRIFTER 12

    1. Kartoffelsalat med sild og æble 12

    2. Frankfurter pølser på kartoffelsalat 14

    3. Farverig kartoffelsalat 16

    4. Kylling og kartoffelsalat 18

    5. Bayersk kartoffelsalat 20

    6. Kartoffel- og æggesalat 22

    7. Kartoffelsalat og skinkesalat 24

    8. Kartoffelsalat og radise 26

    9. Grøn kartoffelsalat 28

    10. Kartoffelsalat med agurk 30

OPSKRIFTER PÅ KARTOFLER 32

    11. Stegt kartoffel- og aspargespande 32

    12. Fiske- og kartoffelpande med bacon 34

    13. Stegte kartofler med hvidløg 36

    14. Zucchini Kartoffel Tortilla 38

    15. Grøn kartoffelpande 40

    16. Lam og kartoffel ragout 42

KARTOFFELKOGTE OPSKRIFTER 44

    17. Kartoffelgryde med bacon fra dampkogeren ..44

    18. græskarflødesuppe 46

19. Svinekam på græskarurt 48

20. Kartoffelsuppe med friske krydderurter fra damperen 50

21. Urtekartoffelsuppe 52

22. Kødboller 54

23. Kartoffelboller fra damperen 56

24. Kartoffelsalat med græskarkerneolie 58

25. Babymad: Græskar-, kartoffel- og lammegrød 60

26. Kartoffelsuppe 62

27. Søde kartoffelruller 64

28. Skumsuppe med vild hvidløg 66

29. Hakket oksekød fra dampkogeren 68

30. Grønne asparges og citronsuppe fra damperen 70

31. Kartoffelsuppe med pølser 72

32. græskarflødesuppe 74

33. Kartoffelsuppe med tofu spyd 76

34. Alkalisk kartoffelsuppe 78

35. Kålkartoffelsuppe 80

KARTOFFELFRUGT OPSKRIFTER 82

36. Cremet kartoffel- og æblesalat 82

37. Æble og selleri suppe med en selleri chip 84

38. Kartoffel choux ringe 86

39. Pære og kartofler med grønne bønner 89

40. Mango chili sød kartoffelsuppe 91

41. Sildesalat med appelsin 93

42. Sildesalat med druer 95

43. Sildesalat med avocado 97

44. Stegt gåselår med rødkål og blommeboller 99

45. Sydtyrolske abrikosboller 101

46. Creme af blodappelsin og gulerodssuppe 103

47. Farverig kartoffelmayonnaisesalat 105

48. Kartoffelnudler 107

49. Æbletærte med kartoffeltopping 109

50. Kartofler med æblemos 112

KONKLUSION .... **Error! Bookmark not defined.**

INDLEDNING .... **Error! Bookmark not defined.**

KARTOFLER OPSKRIFTER HOVEDRET 115

1. Kartofler med ostemasse 115

2. Bagte kartofler 117

3. Szeged gulyas med kartofler 119

4. Braiseret kylling med kartofler 121

5. Sorte spidskommen kartofler med mynte raita 123

6. Kartoffel i skønhedsbadet 125

7. Kartoffelbalsam for sjælen 127

8. Bagte kartoffelæg 129

9. kartoffelpande 131

10. Cremefine kartoffel- og pæregratin 133

KARTOFLER OPSKRIFTER HAVSMAD OG FISK ... 135

11. Bagte kartofler med sildesalat 135

12. Matjesfileter med nye kartofler og brunch .. 138

13. Urtefisk med kartoffel zucchini grøntsager . 140

14. Laksefilet med asparges og grøntsager 142

15. Forårslaks fra damperen 144

16. Laks i en grøntsagsseng 146

17. Sildesalat med granatæble 148

18. Rørred med vild hvidløg kokospuré 150

19. Gröstl fra den røgede havkat 152

20. Karper i sort øldej med grøn kartoffelsalat . 154

KARTOFLER OPSKRIFTER OKSE- OG SUPPE 156

21. Hakket kød med kartoffelmos 156

22. Kødboller 158

23. Spinat med kogt oksekød og ristede kartofler
.... 160

24. Steg løg med kartoffelmos 162

25. Lever- og kartoffelboller med salat 164

26. Rodfrugtsuppe med kartofler 166

27. Kartoffel- og svampesuppe 168

28. Kartoffelsuppe 170

29. Kartoffelsuppe med kantareller 172

30. Kålkartoffelsuppe 174

31. Kartoffelsuppe med pølser 176

32. græskarflødesuppe 178

33. Kartoffelsuppe med tofu spyd 180

34. Alkalisk kartoffelsuppe 182

35. Bønnegryde 184

KARTOFLER OPSKRIFTER SNACKS 186

36. Søde kartoffelruller 186

37. Kartoffelspiraler på spyd 188

38. Kartoffelpålæg 190

39. Skordalia (kartoffel- og hvidløgspasta) 192

40. Alkaliske skiver af vild hvidløg 194

41. Sildesalat med selleri 196

42. Lysløg smøres med æble og bacon 198

43. Sildesalat med pære og nødder 200

44. Sildesalat med melon 202

45. Kartoffelboller 204

46. Kartoffel grøntsagsstrudel 206

47. Sildesalat med appelsin 208

48. Sildesalat med druer 210

49. Sildesalat med avocado 212

50. stegte kartofler 214

KONKLUSION 216

INTRODUKTION

Kartoffelkuren er en af de kulhydratrige monodiæter, altså en kost, der næsten eller udelukkende består af en bestemt fødevare. Der er forskellige variationer af kartoffelkosten. De har alle til fælles hovedforbruget af kartofler, ofte i kombination med æg eller kvark. Med nogle diætvarianter er fedtfattige grøntsager, salat eller noget frugt også tilladt. Ud over det høje indtag af kartofler er den fedtfattige tilberedning af retterne det vigtigste kendetegn ved kartoffelkosten.

Sådan fungerer kartoffelkuren

Et kilo fedtfattige kartofler og – afhængig af varianten – 100 gram kvark eller tre æg ender på tallerkenen hver dag med kartoffelkosten. Kombinationen af kartofler med kvark eller æg resulterer i en høj biologisk værdi. Det betyder, at kroppen kan optage og bruge det protein, den indeholder særligt godt. Dette sikrer igen langvarig mæthed. Samtidig fjerner det kalium, der er indeholdt i kartoflen, mere vand fra kroppen. Så du taber de første pund hurtigt – en pointgevinst til kartoflen.

Kartoffel kost: hvorfor kartoflen er sund

Kartofler ser ikke iøjnefaldende ud, men knolden indeholder mange sunde ingredienser: Den er rig på vitamin C og B, indeholder folinsyre, kobber, fosfat og svovl. På grund af det høje indhold af kalium har kartofler en dehydrerende effekt.

De langkædede kulhydrater i kartofler nedbrydes langsomt under fordøjelsesprocessen – derfor holder knoldene dig mæt i lang tid og forhindrer cravings. Derudover indeholder kartofler næsten ikke fedt, men de indeholder protein af høj kvalitet, som relativt nemt kan omdannes til kroppens protein.

De bedste (fordi de har de laveste kalorier) måder at tilberede kartofler på som diætmad er kartofler kogt i ovnen, jakkekartofler og kartofler, der køles ned igen. Toppings med fedtfattig kvark eller creme légère samt friske haveurter eller små hakkede rå grøntsager som agurk, selleri eller gulerødder giver variation og giver yderligere vitaminer og mineraler.

Hvis du ikke vil undvære de sprøde variationer, så drys forkogte kartoffelbåde med et par dråber olivenolie og grill dem derefter i ovnen, indtil de er gyldenbrune. Pommes frites og stegte kartofler er slettet uden erstatning, som

KARTOFFELSALAT OPSKRIFTER

1. Kartoffelsalat med sild og æble

ingredienser

- 700 g voksagtige kartofler
- salt
- 2 æbler zb boskop
- 2 spsk citronsaft
- 150 g sennepssylteglas
- 1 bundt purløg
- 400 g sildefilet syltet i olie
- 5 spsk mayonnaise
- 2 spsk naturel yoghurt
- 2 spsk creme fraiche
- peber fra møllen

- sukker

Forberedelsestrin

1. Vask kartoflerne og kog dem i saltet vand i cirka 25 minutter. Dræn, lad dampe af og skræl. Lad køle helt af.
2. Vask æblerne, kvartér dem, fjern kernehuset, skær dem i små stykker og bland med 1 spsk citronsaft. Dræn sennepssylterne godt og skær dem i mundrette stykker.
3. Vask purløg, ryst tør og skær i ruller. Dræn fiskefileterne godt og skær også i små stykker.
4. Bland mayonnaisen med yoghurt, creme fraiche og citronsaft og smag til med salt, peber og en knivspids sukker. Skær kartoflerne i mundrette stykker og bland med fisk, æbler, agurk og salatdressingen. Anret i tallerkener og server drysset med purløg.

2. Frankfurter pølser på kartoffelsalat

ingredienser

- 1 kg voksagtige kartofler
- 1 stort løg
- ½ fret radise
- 2 spsk purløgsruller
- 4 spsk hvidvinseddike
- 6 spsk kødsuppe
- 1 tsk sennep
- salt
- friskkværnet peber
- 6 spsk solsikkeolie
- 4 par wienerpølser
- purløgsrulle til pynt

Forberedelsestrin

1. Vask kartoflerne, kog i skindet i ca. 30 minutter, skræl dem, lad dem køle lidt af og skær dem i skiver. Pil løg og skær dem i fine stykker. Rens og vask radiserne og skær dem i 3 mm brede stave.
2. Til dressingen blandes eddike med bouillonen. Rør sennep, salt og peber i. Rør olien i. Bland forsigtigt løg, radiser og kartoffelskiverne med saucen og lad salaten trække i cirka 15 minutter, pynt med purløg.
3. Lun pølserne i varmt vand (må ikke koge) og server.

3. Farverig kartoffelsalat

ingredienser

- 600 g voksagtige kartofler
- 2 rødløg
- 3 spsk æblecidereddike
- iodiseret salt med fluor
- peber
- $\frac{1}{2}$ tsk tørret merian
- 150 ml grøntsagsbouillon
- 1 spsk sennep
- 1 spsk æblesirup
- 2 spsk olivenolie
- 1 agurk
- 2 gulerødder
- 1 rødt æble
- 10 g persille (0,5 bundt)

Forberedelsestrin

1. Kog kartoflerne i kogende vand i 20-30 minutter. Dræn derefter, sluk, skræl, mens det er varmt, og lad det køle af. Mens kartoflerne koger, skrælles og skæres løgene fint. Bring løgterningerne i kog med eddike, salt, peber, merian og bouillon. Pisk sennep, sirup og olie i.
2. Skær kartoflerne i skiver. Hæld dressingen over kartoflerne og lad den trække i 30 minutter, mens du rører forsigtigt oftere.
3. Rens og vask i mellemtiden agurken, halver den på langs, skrab kernerne ud med en teske og skær agurken i fine skiver. Rens, vask, skræl og riv gulerødderne groft. Rens, vask, halver og udkern æblet og skær det i små stykker.
4. Bland agurk, gulerødder og æble med kartoflerne, smag til med salt og peber og lad salaten stå i yderligere 10 minutter.
5. Vask persillen, ryst tør, pluk bladene af, hak fint og bland med kartoffelsalaten.

4. Kylling og kartoffelsalat

ingredienser

- 20 g sultanas
- 350 g kyllingebrystfilet (2 kyllingebrystfileter)
- salt
- peber
- 1 spsk olivenolie
- 25 g pinjekerner
- 30 g sorte oliven marinerede tørre, uden sten
- 250 g voksagtige kartofler
- 3 spsk let pesto
- 3 stilke basilikum
- 75 g mild fåreost

Forberedelsestrin

1. Udblød sultanerne i en lille skål dækket med varmt vand i 10 minutter.
2. Vask kyllingebrystene, dup dem tørre og krydr med salt og peber.
3. Varm olien op på en pande og steg kødet i 3 minutter på hver side. Tilsæt vand til bunden af gryden er dækket og steg kødet tildækket i yderligere 4 minutter ved middel varme. Tilsæt eventuelt lidt vand.
4. Lad kyllingen køle af og skær kødet i 1 cm tern.
5. Rist pinjekernerne let på en pande uden fedtstof. Hak oliven groft.
6. Pres sultanas, hak groft og bland med de tilberedte ingredienser i en skål.
7. Vask, skræl og skær kartoflerne i 1,5 cm store tern, tilsæt kogende saltet vand og kog i 9 minutter.
8. Fjern 2 spsk kartoffelvand og bland med pestoen.
9. med pestoen, smag til med salt og peber og lad det trække i 10 minutter.
10. Vask basilikum, ryst tør, pluk bladene og hak den groft. Smuldr fåreosten. Drys begge dele over salaten lige inden servering.

5. Bayersk kartoffelsalat

ingredienser
- 1 kg voksagtige kartofler
- 1 løg
- 50 g syltet agurk (1 syltet agurk)
- 300 ml bouillon (gerne kødbouillon)
- 4 spsk hvidvinseddike
- 2 tsk medium varm sennep
- salt
- peber
- 4 spsk rapsolie
- 8 70 g kalkunwiener (5 % fedt)
- 1 bundt purløg
- 80 g lammesalat

Forberedelsestrin
1. Vask kartoflerne og kog dem med skindet i kogende vand i 20-30 minutter, afhængig af størrelsen, ikke for bløde.

2. I mellemtiden skrælles og skæres løget i tern. Dup cornichonen tør og skær den også i tern.
3. Dræn kartoflerne, skyl grundigt under rindende koldt vand og lad dem køle af i cirka 5 minutter. Skræl derefter, skær i tynde skiver og læg i en stor skål.
4. Bring bouillon og løgtern i kog i en lille gryde. Tag komfuret af. Pisk 3 spsk eddike, sennep, salt, peber og olie med et piskeris.
5. Hæld blandingen over kartoflerne, mens den stadig er varm. Tilsæt den syltede agurk, bland det hele forsigtigt og lad det trække i mindst 30 minutter.
6. Lige inden servering varmes vandet op i en stor gryde, men lad det ikke koge. Lad pølserne blive varme i cirka 10 minutter ved svag varme.
7. I mellemtiden vaskes purløget, rystes tørt og skæres i ruller. Rens og vask lammesalat, centrifuger tør og pluk lidt mindre, hvis du har lyst.
8. Fold lammesalat og purløg i kartoffelsalaten. Smag igen til med salt, peber og resten af eddiken. Tag pølserne op af gryden og server med kartoffelsalaten.

6. Kartoffel- og æggesalat

ingredienser
- 700 g voksagtige kartofler
- salt
- 4 æg
- 2 stænger selleri
- 1 løg
- 2 æbler zb boskop
- 2 spsk citronsaft
- 300 g naturel yoghurt
- 200 g mayonnaise
- 1 spsk dijonsennep _
- peber fra møllen

Forberedelsestrin
1. Kog kartoflerne i kogende saltet vand i cirka 25 minutter. Afdryp, lad det dampe af og skræl af, mens det stadig er varmt. Kog

æggene i vand i 10 minutter, afdryp, skyl i koldt vand og pil.
2. Vask og rens sellerien, halver den på langs og skær den i tynde skiver. Pil løget og hak det fint. Vask æblerne, kvartér dem, fjern kernehuset og skær dem i mundrette stykker. Bland straks med citronsaft.
3. Bland yoghurten med mayonnaise og sennep og smag til med salt og peber. Skær kartoflerne i store tern, hak æggene og bland med kartofler, selleri, æbler, løg og salatcremen, smag til igen og server i et fad.

7. Kartoffelsalat og skinkesalat

ingredienser
- 1 kg voksagtige kartofler
- 4 spsk oliven
- havsalt
- peber fra møllen
- 2 spsk citronsaft
- 150 g feta
- 100 g parmaskinke i tynde skiver

til sættet
- 2 grene timian
- 2 ubehandlede citroner

Forberedelsestrin
1. Forvarm ovnen til 200 ° C varmluft. Vask kartoflerne grundigt, skær dem i halve eller kvarte og fordel dem på en bageplade beklædt med bagepapir.

2. Dryp med olien, krydr med salt, peber, bland og bag i ovnen i cirka 30 minutter, indtil de er gyldenbrune. Fra tid til anden at vende. Tag ud af ovnen og lad køle lunkent.
3. Dryp med citronsaft og smag til med salt og peber. Bland løst med smuldret feta og skinke og pynt med timian og citronhalvdele (i glas hvis du har lyst).

8. Kartoffelsalat og radise

ingredienser

- 800 g voksagtige kartofler
- 1 rødløg
- 1 håndfuld rucola
- 1 bundt radise
- ½ fret urter (dild, persille eller purløg)
- 200 ml grøntsagsbouillon
- 3 spsk æblecidereddike
- 3 spsk olivenolie
- salt
- peber

Forberedelsestrin

1. Kog kartoflerne i kogende vand i 20-30 minutter. Dræn derefter, sluk, skræl, mens det er varmt, og lad det køle af.

2. Pil imens rødløget og hak det fint. Vask raketten og ryst den tør. Rens og vask radiserne og skær dem i tynde skiver. Vask krydderurter, ryst tørre og hak. Bring grøntsagsfonden i kog.
3. Skær kartoflerne i skiver. I en stor skål kombineres med den varme grøntsagsfond, løg, eddike, olivenolie, salt og peber. Lad det derefter trække i mindst 30 minutter.
4. Fold de tilberedte radiser, rucola og krydderurter i kartoffelsalaten inden servering og smag til med salt og peber.

9. Grøn kartoffelsalat

ingredienser

- 300 g voksagtige kartofler (3 voksagtige kartofler)
- salt
- 1 rødløg
- 2 spsk æblecidereddike
- 150 ml klassisk grøntsagsbouillon
- 2 spsk rapsolie
- peber
- 80 g lammesalat
- 1 bundt purløg
- 1 æble
- 70 g lakseskinke

Forberedelsestrin

1. Vask kartoflerne og kog dem i kogende vand i 20-25 minutter. Dræn derefter, skyl under koldt vand, skræl og lad afkøle.
2. Skær de afkølede kartofler i skiver, krydr med salt og læg dem i en skål. Pil løg og hak fint.
3. Bring løgterningerne med eddike og bouillon i kog i en lille gryde, hæld kogende over kartoflerne.
4. Tilsæt olien og bland det hele. Lad det trække i 30 minutter, bland oftere.
5. Rens i mellemtiden lammesalaten, og lad rødderne være intakte, så bladene bliver sammen. Vask salaten og centrifugér den grundigt. Vask purløg, ryst tør og skær i fine ruller.
6. Vask, kvart og udkern æblet og skær det i fine tern.
7. Skær lakseskinken i fine strimler.
8. Krydr kartoffelsalaten med salt og peber. Tilsæt lammesalat, purløgsruller , skinkestrimler og æbleskiver til salaten og bland i.

10. Kartoffelsalat med agurk

ingredienser

- 800 g voksagtige kartofler
- salt
- ½ agurk
- 2 små løg
- 125 ml kødsuppe
- 1 tsk varm sennep
- 4 spsk hvidvinseddike
- peber fra møllen
- 1 bundt purløg
- 5 spsk olivenolie

Forberedelsestrin
1. Vask kartoflerne og kog dem i saltet vand i cirka 25 minutter.
2. I mellemtiden vaskes agurken, halveres på langs, skæres i tynde skiver og drysses med

salt. Lad det trække i cirka 20 minutter og pres det ud.
3. Pil løgene, skær dem i fine tern, og kog dem op med fonden i en gryde. Rør sennep og eddike i, smag til med salt, peber og tag af komfuret.
4. Dræn kartoflerne, lad dem dampe af, skræl og lad afkøle. Skær derefter i skiver, hæld den varme bouillon over dem, bland forsigtigt og lad stå i cirka 20 minutter.
5. Skyl purløget, ryst tørt og skær det i fine ruller. Bland med agurk og olie i salaten, smag til igen og anret på et fad.

KARTOFFELPAND OPSKRIFTER

11. Stegt kartoffel- og aspargespande

ingredienser

- 800 g små hovedsageligt voksagtige kartofler
- iodiseret salt med fluor
- 400 g grønne asparges
- 4 skalotteløg
- 15 g klaret smør (1 spsk)
- 3 stilke persille
- peber

Forberedelsestrin

1. Vask kartoflerne og kog dem i saltet vand i 15 minutter.

2. I mellemtiden skal du vaske aspargesene, skrælle den nederste tredjedel, skær de træagtige ender af. Kog aspargesene i kogende saltet vand i cirka 8 minutter. Dræn, afdryp, og skær derefter diagonalt i stykker.
3. Dræn kartoflerne, lad dem dampe af og halver dem på langs.
4. Pil skalotteløg og skær i tern.
5. Varm det klarede smør op i en høj pande. Steg kartoflerne heri ved middel varme, vend jævnligt, indtil de er gyldenbrune i 10 minutter.
6. I mellemtiden vaskes persillen, rystes tør og hakkes.
7. Bland skalotteløgene med kartoflerne og steg i 4 minutter. Bland aspargesene i og steg i 2 minutter, vend oftere.
8. Krydr den stegte kartoffel og aspargespande med salt, peber og persille.

12. Fiske- og kartoffelpande med bacon

ingredienser

- 500 g voksagtige kartofler
- salt
- 500 g hvid fiskefilet zb torsk
- 1 løg
- 120 g røget flæskesvær i tern
- 20 g smørpeber fra møllen
- 2 spsk friskhakket persille

Forberedelsestrin

1. Vask kartoflerne og kog dem i saltet vand i cirka 20 minutter. Dræn, skyl i koldt vand, skræl og lad afkøle. Vask fisken, dup den tør og skær den i mundrette stykker.
2. Pil løget og skær det i fine tern. Lad baconen ligge i en gryde, tilsæt lidt smør og sved løget

heri, indtil det er gennemsigtigt. Skær kartoflerne i skiver, tilsæt og steg dem gyldenbrune, vend dem af og til. Tilsæt fiskestykkerne og steg dem gyldenbrune, vend dem forsigtigt. Smag til med salt og peber og server drysset med friskhakket persille.

13. Stegte kartofler med hvidløg

ingredienser

- 1 kg voksagtige kartofler
- 150 ml grøntsagsbouillon
- salt
- peber fra møllen
- 2 stilke rosmarin
- 6 fed hvidløg
- 4 spsk olivenolie

Forberedelsestrin

1. Forvarm ovnen til 180°C varmluftsovn.
2. Skræl kartoflerne og skær dem i halve eller kvarte alt efter størrelsen. Kom i en bradepande og hæld bouillon i. Smag til med salt og peber og kog i ovnen i cirka 20

minutter. Fra tid til anden at vende. Kartoflerne skal være næsten kogte, og væsken skal absorberes. Drys den plukkede rosmarin og de pressede hvidløgsfed over og sæt olivenolien overhældt tilbage i ovnen ved 220°C og brun i 15-20 minutter. Vend imens frem og tilbage fra tid til anden.

14. Zucchini Kartoffel Tortilla

ingredienser

- 175 g kartofler (2 kartofler)
- 250 g zucchini (1 zucchini)
- 1 fed hvidløg
- 2 løg
- 45 g serranoskinke (3 skiver)
- 2 spsk olivenolie
- salt
- peber
- 4 æg

Forberedelsestrin

1. Vask kartoflerne, kog med skindet i cirka 15-20 minutter, skræl derefter og skær dem i 1 cm tern. Mens kartoflerne koger, vaskes og

renses zucchinien og skæres i 1 cm tern. Pil og hak hvidløg og løg fint.
2. Skær skinken i fine strimler.
3. Varm olien op i en slip-let pande og svits løg og hvidløg ved middel varme i 1 minut, indtil de er gennemsigtige. Tilsæt kartoffel- og zucchini-terningerne og steg i 4 minutter til de er gyldenbrune, krydr med salt og peber.
4. Pisk æg i en skål og smag til med salt og peber. Hæld i gryden, drys med strimler af skinke og lad stå i 3 minutter ved middel varme, mens du rører forsigtigt.
5. Vend tortillaen: Det er bedst at vende den ud på en tallerken og skubbe den tilbage i gryden. Lad stå i yderligere 4 minutter. Server tortillaen skåret i stykker.

15. Grøn kartoffelpande

ingredienser

- 500 g nye kartofler
- 1 grøn peber
- 3 friske fed hvidløg
- 1 bundt forårsløg
- 75 g grønne oliven (med sten)
- 3 stilke basilikum
- 2 spsk olivenolie
- salt
- peber
- 50 g fåreost
- 1 tsk uskrællede sesamfrø

Forberedelsestrin

1. Skrub kartoflerne og kog dem i kogende vand i 20-25 minutter, afdryp og lad dem køle af. Mens kartoflerne koger, kvartér, udkern og vask peberfrugten og læg den på en bageplade med skindsiden opad.
2. Steg under den varme grill, til skindet bliver sort og bobler, hæld i en skål, dæk med en tallerken og lad hvile i 10 minutter.
3. Pil skindet af og skær bælgen i fine strimler.
4. Pil hvidløget og skær det i fine skiver.
5. Rens og vask forårsløgene og skær dem i tynde skiver i en lille vinkel.
6. Skær oliven i skiver fra stenen og derefter i fine stave.
7. Vask basilikum, ryst tør, pluk bladene og hak fint.
8. Halver kartoflerne.
9. Varm olien op på en pande og steg kartoflerne på snitfladen til de er gyldenbrune.
10. Tilsæt hvidløg og paprika og steg i yderligere 2 minutter. Smag til med salt og peber.
11. Tilsæt forårsløg, oliven og basilikum og varm kort op.
12. Smuldr osten. Drys sesamfrø over kartoflerne lige inden servering. Server kartoffelpanden.

16. Lam og kartoffel ragout

ingredienser

- 500 g lam (skulder eller ben)
- 500 g kartofler
- 300 g tomater
- 4 spsk olivenolie
- 2 spsk persille (hakket)
- 1 rosmarinkviste (groft hakket)
- 1 tsk oregano
- 1 løg
- 1 fed hvidløg
- Havsalt (fra møllen)
- Peber (fra møllen)
- 50 g pecorino (friskrevet)

forberedelse

1. Del lammet i mellemstore stykker. Skær kartoflerne i store tern, løget i ringe og hvidløgsfeddet i tynde skiver. Læg lammet med kartoflerne i et ovnfast fad.
2. Skold tomaterne kort, skræl og skær dem i mindre stykker. Bland med olivenolie, hakket persille, rosmarin, oregano, løg og hvidløg. Smag til med salt og peber og bland i kødet. Drys det hele med friskrevet pecorinoost og dæk gryden med alufolie. Tilbered i den forvarmede ovn ved 170 ° C i cirka 2 timer.

KARTOFFELKOGTE OPSKRIFTER

17. Kartoffelgryde med bacon fra dampkogeren

ingredienser

- 100 g morgenmadsbacon
- 1 stk løg
- 2 fed hvidløg
- 500 g kartofler
- 1 stk. Paprika (rød)
- 1 stk. Paprika (grøn)
- 1 rosmarinkviste
- 6 stk. Æg
- salt
- peber
- Smør (til smøring)

forberedelse

1. Til kartoffelgryden skæres baconen i strimler. Pil løget, skær det i halve og skær det også i strimler. Pil hvidløget og skær det i fine skiver. Steg baconen i en slip-let pande sammen med løgene, til de er sprøde og tilsæt til sidst kort hvidløg. Stil gryden til side.
2. Skræl kartoflerne, skær dem i $\frac{1}{2}$ cm tykke skiver, læg dem i den smurte, uperforerede kogebeholder med baconløgene inklusive stegefedtet, og forkog dem (ved 100 °C i 5 minutter).
3. I mellemtiden renses og udkernes peberfrugten og skæres i tynde strimler.
4. Pluk rosmarinnåle og hak fint, pisk med æg, salt og peber og tilsæt kartoffelblandingen med paprikastrimlerne. Luk kogebeholderen med et låg eller aluminiumsfolie. Lad gryden stivne (ved 100 ° C i 25 minutter).
5. Server kartoffelgryden varm eller kold skåret i stykker.

18. græskarflødesuppe

ingredienser

- 600 g græskar
- 2 kartofler
- 1 fed (r) hvidløg (knust)
- 1/2 løg
- 1 liter vand
- Suppetern
- salt
- peber
- ingefær
- 125 ml flødeskum
- 1 spsk creme fraîche
- Græskarkerner (og græskarkerneolie til pynt)

forberedelse

1. Skræl græskarret, fjern kernehuset og skær græskarkødet i tern.
2. Skræl kartoflen og skær den også i tern. Pil og hak løget fint. Tilsæt presset hvidløg.
3. Kom det hele i en fast beholder og fyld op med 1 liter vand.
4. Smag til med krydderier, salt, peber, ingefær eller ingefærpulver og kog.
5. Temperaturindstilling: 120 °C
   Tilberedningstid: 10 minutter
6. Efter kogetiden pureres suppen, smages til igen, evt. tilsættes flødeskum og creme fraîche.
7. Til pynt tilsættes et par græskarkerner og et par dråber græskarkerneolie til suppen.

19. Svinekam på græskarurt

ingredienser

- 300 g kål (skåret i tern)
- 100 g græskar (i tern)
- timian
- 1/2 l oksekødsuppe
- 1 stk kartofler (rå)
- Peberrod
- salt
- 1 skvæt eddike
- 1 spsk creme fraiche
- 1 stk. Svinefilet
- salt
- sennep

forberedelse

1. Kog kål og græskar i dampkogeren i ca. 5 - 10 minutter ved 100 ° C. Til saucen skæres kartoflerne i små stykker, koges i oksekødssuppen til de er bløde og blandes godt med peberrod og creme fraiche. Smag til med salt og eddike. Krydr svinefileten med salt og sennep og steg på begge sider. Bages i ovnen ved 160° i cirka 15 minutter. Lad hvile i mindst 10 minutter før udskæring. Anret kål og græskar på tallerkenerne, anret filetstykkerne ovenpå, drys med krydderurter og server med keratinsauce.

20. Kartoffelsuppe med friske krydderurter fra dampkogeren

ingredienser

- 180 g porrer
- 250 g kartofler (melerede)
- 500 ml grøntsagsfond
- salt
- peber
- 100 g fløde
- 2 spsk krydderurter (persille, purløg, basilikum)

forberedelse

1. Rens først porren og skær den i ringe. Skræl og skær kartoflerne groft.

2. Kom begge dele med grøntsagssuppen i en solid kogebeholder og kog (ved 100 ° C i 16 minutter eller 120 ° C i 8 minutter).
3. Purér suppen og smag til med salt og peber. Rør fløden i og varm op (ved 95°C i 2 minutter).
4. Hak krydderurterne, hæld kartoffelsuppen over og server.

21. Urtekartoffelsuppe

ingredienser

- 1 bundt urter (stort)
- 5-6 stk. Kartofler
- 30 g smør
- 1 løg (skrællet)
- 1 l kyllingesuppe (eller grøntsagssuppe)
- salt
- peber
- 6 spsk purløg (skåret)
- Creme double (eller creme fraîche)

forberedelse

1. Til urtekartoffelsuppen skæres kartoflerne og løgene i små stykker og lægges i en solid kogebeholder. Hæld grøntsagssuppen i og kog suppen ved 100°C i cirka 20 minutter.

2. Skær krydderurterne i små stykker, tilsæt dem og kog i yderligere 5 minutter ved 100°C.
3. Bland suppen med creme fraichen , smag til igen og purér til den er skummende med blenderen.
4. Til servering pyntes urte- og kartoffelsuppen med purløg.

22. Kødboller

ingredienser

Til dejen:

- 500 g kartofler
- 10 g smør
- 30 g hvedegryn
- 120 g mel (praktisk)
- 1 stk æg
- salt
- muskatnød

For fylden:

- 1 spsk solsikkeolie
- 100 g løg
- 200 g hakket kød (blandet)
- 1 spsk QimiQ
- salt

- Sennep, peber
- Merian, hvidløg

forberedelse

1. Forbered kartoffeldejen: Skræl, kvartér og damp kartoflerne. Tryk kartoflerne på et meldrysset bagebord, drys smørret i flager ovenpå og ælt kort sammen med de resterende ingredienser til en dej.
2. Forbered fyldet: Hak løgene fint, steg dem i olie, tilsæt hakket kød, steg kort, tyk med QimiQ og krydr.
3. Lever vand.
4. Form dejen til en rulle, skær i skiver, fordel fyldet ovenpå, form dumplings og luk tæt.
5. Lad dumplings trække i saltet vand i cirka 10-15 minutter.
6. Tag kødbollerne ud med en sigteske og server.

23. Kartoffelboller fra dampkogeren

ingredienser

- 1 kg kartofler
- 1-2 stk æg
- salt
- muskatnød
- 50 g mel
- 50 g kartoffelstivelse
- Smør (til smøring)

forberedelse

1. Til kartoffelbollerne vaskes kartoflerne og koges i en perforeret bradepande (ved 100 ° C i 28-34 minutter).
2. Skræl kartoflerne mens de stadig er varme og pres dem lige igennem kartoffelpressen.

3. Tilsæt æggene i kartoffeldejen og smag til med salt og muskatnød. Rør mel og kartoffelstivelse i.
4. Form dejen til en rulle og del i 12-14 stykker. Form stykkerne til dumplings og steg i den smurte, perforerede bradepande (ved 100 ° C i 15-18 minutter).

24. Kartoffelsalat med græskarkerneolie

ingredienser

- 600 g kartofler (Sieglinde eller Kipfler , kogte og skrællede)
- 60 g løg (finhakket)
- 1/4 l suppe (fedt)
- 3 spsk æblecidereddike
- 6 spsk græskarkerneolie
- salt
- Peber (sort)
- Lidt estragon sennep (efter smag)

forberedelse

1. Til kartoffelsalaten skrælles kartofler kogt med græskarkerneolie, mens de stadig er varme, og skæres i fine skiver.

2. Hæld straks varm suppe på, tilsæt græskarkerneolie, løg, eddike, salt og peber.
3. Rør kartoffelsalaten med græskarkerneolie kraftigt til den er cremet. Tilsæt sennep eller sukker, alt efter smag.

25. Babymad: Græskar-, kartoffel- og lammegrød

ingredienser

- 60 g græskar (f.eks. Hokkaido, muskatnød)
- 1 stykke kartoffel
- 20 g lam
- Rapsolie (et par dråber)

forberedelse

1. Hjemmelavet babymad – først komplementær mad
2. Til græskar-, kartoffel- og lammegrøden pareres lammet (fjern fedt og sener).
3. Skræl græskar og kartofler og skær i tern.
4. Kog alle ingredienser i lidt vand ved svag varme, indtil de er bløde og puré med blenderen.

5. Rør til sidst et par dråber rapsolie i græskar-
, kartoffel- og lammegrøden.

26. Kartoffelsuppe

ingredienser

- 500 g kartofler
- 3 gulerødder
- 500 ml grøntsagssuppe
- 250 ml flødeskum
- salt
- peber
- Laurbærblad
- merian
- Svampe til mænd (kan også være tørrede svampe)
- 1/2 løg
- 1 fed (e) hvidløg

forberedelse

1. Skær kartoflerne i små stykker. Læg kartoffelstykkerne med suppe, krydderier og

svampe i en uperforeret skål og damp i ca. 30 minutter ved 100°C.
2. I mellemtiden skal du vaske gulerødderne og skære dem i små stykker.
3. I de resterende 7 minutter af kartoflens kogetid lægges også gulerødderne i dampkogeren.
4. Fjern laurbærbladet og purér kartoffelsuppen fint med blenderen.
5. Hvis det ønskes, tilsæt flødeskummet og smag til igen.

27. Søde kartoffelruller

ingredienser

- 250 g kartofler (melerede)
- 250 g hvedemel (glat)
- 250 g fuldkornshvedemel
- 1 pakke tørgær
- 80 g sukker
- 1 stk æg
- 80 g yoghurt (fedtfattig)
- 1/8 l skummetmælk (lunken eller vand)

forberedelse

1. Damp kartoflerne i skindet i cirka 20 minutter. Skræl den, mens den er varm, og tryk den igennem en kartoffelpresser. Lad køle lidt af.
2. Bland mel, gær, sukker, æg og yoghurt i. Hæld væske i. I starten kun ca. 100ml og resten kun

ved behov. Ælt dejen kraftigt med foodprocessoren i cirka 5 minutter.
3. Tilsæt eventuelt lidt mere væske, så dejen får en jævn konsistens. Dæk til og lad dejen hæve et lunt sted i ca. 45 - 30 minutter.
4. Form derefter 15 ruller og læg dem på en perforeret, smurt (eller beklædt med bagepapir) tilberedningsindsats.

28. Vild hvidløgsskumsuppe

ingredienser

- 200 g vilde hvidløg (skåret)
- 1-2 kartofler (melerede)
- 1 stk løg (lille)
- noget porre
- 750 ml grøntsagssuppe
- 200 ml skummetmælk (eller sojamælk)
- 1 spsk creme fraîche
- salt
- peber
- muskatnød

forberedelse

1. Til den vilde hvidløgsskumsuppe skrælles kartoflerne og skæres i små tern. Snit løg og

porre og tilsæt kartoflerne. Kom alle ingredienserne i en uperforeret skål, tilsæt grøntsagssuppen og damp ved 100 ° C i 12-15 minutter.

2. Kom vild hvidløg (gem et par blade til pynt) i en perforeret kogeskål og blancher i 1 - 2 minutter ved 100 ° C og bland med suppen to minutter før slutningen af kogetiden, ligesom mælken.
3. I slutningen af kogetiden smages suppen til med salt, peber og muskatnød, finpudses med creme fraiche og puré i en blender.
4. Pynt vild hvidløgssuppen med finthakket vild hvidløg.

29. Hakkede oksebøffer fra dampkogeren

ingredienser

- 500 g hakket oksekød
- 2 æg
- 1 løg (lille)
- 2 fed hvidløg
- 1 bundt krydderurter (friske, f.eks. persille, timian, merian osv.)
- 50 g rasp
- salt
- peber
- 600 g kartofler
- 100 ml vand (varmt)
- 2 spsk dijonsennep
- Urter (friske, to håndfulde)

forberedelse

1. Til de dampede hakkede oksekødsbøffer pilles løg og hvidløg og hakkes meget fint. Vask og hak krydderurter fint.
2. Bland det hakkede kød med æg, løg, hvidløg, krydderurter og rasp, ælt godt og smag til med salt og peber. Form hakkede bøffer eller kugler.
3. Skræl kartoflerne og skær dem i tern. Bland sennepen med varmt vand, tilsæt krydderurterne og smag til med salt.
4. Kom kartoffelternerne i en fast beholder og bland med sennepsmarinade. Læg de hakkede bøffer på kartoflerne og damp det hele ved 100° i 25 minutter.
5. Rør de dampede hakkebøffer godt igen inden servering.

30. Grønne asparges og citronsuppe fra dampkogeren

ingredienser

- 350 g grønne asparges
- 200 g kartofler (melerede)
- 1 1/2 spsk suppe tern
- 1/2 citron (saft og skal)
- 650 ml vand
- 125 ml fløde
- Worcestershire sauce
- salt
- peber
- Purløgsblomster (til dekoration)

forberedelse

1. Til asparges-citronsuppen vaskes aspargesene, skæres i stykker og spidserne lægges til side.

2. Skræl og hak kartoflerne.
3. Kom aspargesstykker, kartofler, vand, suppekrydderi, citronsaft og -skal i en ikke-perforeret dampkoger og damp ved 100 °C i 12 minutter. Damp aspargesspidserne i en perforeret indsats de sidste 3 minutter.
4. Purér suppen, bland fløden i og smag til med Worcethire sauce, salt og peber.
5. Læg aspargesspidserne i den færdige asparges-citronsuppe og server med purløgsblomster.

31. Kartoffelsuppe med pølser

ingredienser

- 1 pakke Tk suppe grøn
- 800 g kartofler
- 1 løg
- 30 g smør
- 750 ml oksekødsuppe ((instant))
- 125 ml flødeskum
- salt
- peber
- Paprika (ædel sød)
- 4 frankfurtere
- 1 bundt persille

forberedelse

1. Optø suppegrønt. Skræl og skyl kartoflerne, skåret i tern. Pil og hak løget, svits det i smør,

indtil det er gennemsigtigt. Tilsæt kartofler og steg kort. Hæld klar suppe i, kog alt sammen i 12-15 minutter.
2. Fjern 1/3 af kartoflerne, kværn resten i gryden. Kom de resterende kartoffelstykker med det optøede suppegrønt og flødeskum i gryden igen. Suppe 6-8 min.
3. Smag til med peber, salt og peber. Sauter Frankfurt-pølser i varmt vand, fjern dem og afdryp. Skær i små skiver. I kartoffelsuppeformen. Skyl persillen, ryst tør, hak fint og drys over inden servering.

32. græskarflødesuppe

ingredienser

- 1 græskar (Hokaido)
- 2 løg
- 2 fed hvidløg
- 5 kartofler
- 1 l grøntsagssuppe
- 250 ml creme fraiche (eller 200 ml flødeskum)
- Græskarkerneolie
- salt

forberedelse

1. Til græskarflødesuppen hakkes løg og hvidløg fint. Skær græskar og kartofler i små stykker.
2. Varm olie op i en stor gryde og svits løgstykkerne og hvidløget let. Hæld suppen på og bring det i kog. Tilsæt græskar- og kartoffelstykkerne og lad det simre i 20 minutter.
3. Purér suppen efter de 20 minutter. Rør cremefraiche eller flødeskum godt i og smag til med salt.
4. Anret i en suppetallerken og pynt græskarflødesuppen med græskarkerneolien.

33. Kartoffelsuppe med tofu spyd

ingredienser

- 750 g kartofler
- 3 stk. Løg
- 2 spsk olivenolie
- 1 l grøntsagssuppe
- 2 zucchini (små)
- 200 g tofu
- 1 spsk sesamfrø
- salt
- 250 ml soja (madlavningsfløde)
- 1 spsk sennep
- merian
- peber

forberedelse

1. Til kartoffelsuppen med tofu-spyd skræl og hak kartofler og løg. Varm 1 spsk olie op i en gryde og svits løget kort.
2. Tilsæt kartoflerne, afglasér med suppen. Bring i kog og kog i 15 minutter. Skær zucchini og tofu i skiver og sæt dem skiftevis på træspyd.
3. Steg spyddene i den varme olie, til de er gyldenbrune, mens du vender. Drys med sesamfrø og krydr med salt og peber.
4. Purér suppen, bland madlavningsfløde og sennep og tilsæt suppen, bring det i kog igen. Smag til med salt og peber.
5. Kartoffelsuppen med tofu spyd serverer.

34. Alkalisk kartoffelsuppe

ingredienser

- 500 ml vand
- 1 grøntsagssuppeterning
- 1 knivspids acerola pulver
- 8 kartofler (mellemstore)
- 100 g gulerødder (fint revet)
- 1 porre (porre, pind)
- 1 kg løg (finhakket)
- 2 spsk fløde
- 1 spsk dille (frisk, finthakket)
- 1 spsk smør
- havsalt
- 1 knivspids peber
- 1 knivspids paprikapulver

forberedelse

1. Til den alkaliske kartoffelsuppe, sauter løget i smør, indtil det er gennemsigtigt. Hæld vand på.
2. Tilsæt kartofler og finthakkede grøntsager og bring det hele i kog.
3. Lad det simre på lavt niveau i 15 minutter og purér derefter. Finfinér med fløde og smag til med krydderierne.
4. Drys den finthakkede dild ovenpå.
5. Acerola-pulveret lige før Serviereni den grundlæggende kartoffelsuppe tilføjes.

35. Kålkartoffelsuppe

ingredienser

- 500 g kartofler
- 3 løg
- 750 g hvidkål (i skiver)
- 1 liter suppe
- 500 g bacon (mager)
- 3 spsk kommenfrø
- 1 spsk mel
- 1 spsk smør
- 3 spsk creme fraiche
- 1 spsk salt
- peber

forberedelse

1. Til kålkartoffelsuppen sauteres revet hvidkål, skrællede kartofler og magert bacon skåret i tern i suppen, til det er blødt. Smag til med salt, kommen og peber.
2. Inden servering sauteres de finthakkede løg i lidt smør, drysses med mel, røres med lidt cremefraiche og røres i kål-kartoffelsuppen.

KARTOFFEL FRUGT OPSKRIFTER

36. Cremet kartoffel- og æblesalat

ingredienser

- 500 g kartofler (kogte og skrællede)
- 2 æbler
- 2 gulerødder
- 2 stilke forårsløg (store)
- 1 bundt mynte (lille)
- 2 spsk rosiner
- 2 spsk mandelstænger
- 1 appelsin
- 250 g yoghurt (naturlig)
- 1 spsk karrypulver
- 2 fed hvidløg (pillet)
- salt

- peber
- olivenolie

forberedelse

1. Skær de kogte, skrællede kartofler i tynde skiver. Kvarter og udkern æblerne og skær dem også i meget fine skiver. Kom æbler og kartofler i en stor skål og smag til med lidt salt.
2. Skræl gulerødderne og riv dem fint. Rens forårsløgene og skær diagonalt i meget fine ringe. Tilsæt gulerødder og forårsløg i skålen.
3. Skær mynten i fine strimler og tilsæt kartoflerne med rosiner og mandelstænger.
4. Skræl appelsinen med en kniv, skær fileterne ud og saml saften. Bland dette med yoghurt, karry, finthakket hvidløg, salt, peber og lidt olivenolie til en marinade og hæld over salaten.
5. Bland det hele forsigtigt og lad det trække i cirka 10 minutter.
6. Smag salaten til med salt og server pyntet med appelsinfileterne.

37. Æble og selleri suppe med en selleri chip

ingredienser

Til suppen:

- 500 g selleri
- 1 æble
- 1 kartofler
- 100 ml æblejuice
- 100 ml flødeskum
- 500 ml grøntsagssuppe (eller vand)
- 1 spsk grøntsagssuppe (kornet)
- salt

Til chips:

- 100 g selleri
- 250 ml olivenolie

forberedelse

1. Til æble- og sellerisuppen med sellerichips skal du først forvarme dampkogeren eller kombinationsdamperen til 100 °C.
2. Skræl selleri, æble og kartofler og skær i store tern. Anbring i en uperforeret kogebeholder og damp ved 100 ° C i 5 minutter.
3. Tilsæt nu æbletern, æblejuice, flødeskum, grøntsagsfond, granuleret grøntsagsfond og salt: damp i yderligere 10 minutter. Purér derefter suppen fint med stavblenderen (eller i ståmixeren) og smag til igen.
4. Til sellerichipsene skæres sellerien i tynde skiver og steges i varmt fedtstof til chips, afdryppes kort på køkkenpapir og serveres derefter suppen.
5. Server æble- og sellerisuppe med en sellerichips.

38. Kartoffel choux ringe

ingredienser

Til kartoffelmos:

- 300 g kartofler
- muskatnød
- 2 spsk mælk
- 1 tsk salt
- peber

Til choux wienerbrød:

- 100 ml vand
- 100 ml mælk
- 80 g smør
- 100 g mel
- 3 æg (størrelse M)
- salt
- peber

- 1 æggeblomme
- 2 spsk mælk

forberedelse

1. Til kartoffel choux ringene skal du skrælle kartoflerne, koge dem og lade dem køle af.
2. Bring i mellemtiden vand og mælk i kog. Tilsæt smørret og lad det smelte. Når smørret er smeltet tilsættes melet på én gang og der røres kraftigt med en træske.
3. Den bliver en smule smuldrende i starten, men efter 3-4 minutter dannes der en dejkugle. Læg denne kugle i en skål og rør æggene i, et ad gangen. Rør i yderligere 5 minutter, til det hele er flot og cremet. Tilsæt derefter salt og peber.
4. Mos de kolde kartofler (grove eller meget fine, alt efter smag). Gnid lidt muskatnød i og tilsæt 2 spsk mælk, rør rundt og smag til med salt og peber.
5. Forvarm ovnen til 190 ° C varmluftsovn. Rør nu forsigtigt puréen og chouxdejen sammen med spatelen. Læg dem i en sprøjtepose med en stor dyse og sprøjt små ringe ca. 8 cm i diameter ud på en bageplade beklædt med bagepapir.

6. Bland æggeblomme og 2 spsk mælk og pensl ringene med det. Bages på midterste rille i 30 minutter, indtil de er gyldenbrune.

39. Pære og kartofler med grønne bønner

ingredienser

- 2 pærer
- 250 g grønne bønner
- 600 g kartofler (nye)
- 170 ml olie
- 1 stjerneanis
- 20 g pinjekerner (ristede)
- 40 basilikumblade
- 1 bundt persille (glat)
- 30 g sukker
- 1 fed hvidløg
- 250 ml hvidvin
- 1 safran tråd
- salt
- peber

forberedelse

1. Til pære og kartofler med grønne bønner bringes vin, sukker, stjerneanis og safran i kog. Skræl pærerne, skær sjettedele og udsten dem. Læg krydderifonden i blød i 10 minutter ved middel temperatur og lad den derefter køle af.
2. Hak krydderurterne groft. Hak pinjekerner og hvidløg groft, purér med 150 ml olie og salt i en høj beholder med en stavblender. Tilsæt krydderurter og bland grundigt. Dæk til og sæt på et køligt sted.
3. Vask de grønne bønner, fjern stilkene og kog i kogende saltet vand i 8-10 minutter. Lad afkøle og dryppe af. Pensl kartoflerne, halvér evt. og kog (eller damp) i kogende saltet vand i 20 minutter, dræn og lad dampe ud.
4. Varm resten af olien op i en gryde. Steg bønner og kartofler heri i 5 minutter, krydr med salt og peber. Si og tilsæt pærerne.
5. Dæk pære og kartofler med grønne bønner med pestoen og server.

40. Mango chili sød kartoffelsuppe

ingredienser

- 2 pærer
- 250 g grønne bønner
- 600 g kartofler (nye)
- 170 ml olie
- 1-stjerneanis
- 20 g pinjekerner (ristede)
- 40 basilikumblade
- 1 bundt persille (glat)
- 30 g sukker
- 1 fed hvidløg
- 250 ml hvidvin
- 1 safran tråd
- salt
- peber

forberedelse

1. Til pære og kartofler med grønne bønner bringes vin, sukker, stjerneanis og safran i kog. Skræl pærerne, skær sjettedele og udsten dem. Læg krydderifonden i blød i 10 minutter ved middel temperatur og lad den derefter køle af.
2. Hak krydderurterne groft. Hak pinjekerner og hvidløg groft, purér med 150 ml olie og salt i en høj beholder med en stavblender. Tilsæt krydderurter og bland grundigt. Dæk til og sæt på et køligt sted.
3. Vask de grønne bønner, fjern stilkene og kog i kogende saltet vand i 8-10 minutter. Lad afkøle og dryppe af. Pensl kartoflerne, halvér evt. og kog (eller damp) i kogende saltet vand i 20 minutter, dræn og lad dampe ud.
4. Varm resten af olien op i en gryde. Steg bønner og kartofler heri i 5 minutter, krydr med salt og peber. Si og tilsæt pærerne.
5. Dæk pære og kartofler med grønne bønner med pestoen og server.

41. Sildesalat med appelsin

ingredienser

- 8 stykker sildefileter
- 200 g kartofler (kogte)
- 2 stykker appelsin
- salt
- 1 løg (lille, hakket)
- 1 tsk sukker
- 3 spsk eddike
- 250 g creme fraiche
- 4 spsk mayonnaise
- peber

forberedelse

1. Udben og tør sildefileterne. Skær fileterne i små tern.
2. Skræl appelsinerne, fjern det hvide skind og skær fine stykker filet ud. Skræl og skær de kogte kartofler i tern.
3. Pisk mayonnaisen med creme fraiche, eddike, sukker, peber og salt. Pil og hak løget fint og rør det i saucen.
4. Fold sildene, appelsinstykkerne og kartoflerne i cremefraicheblandingen.
5. Lad det trække i cirka 1 time og server derefter.

42. Sildesalat med druer

ingredienser

- 8 stykker sildefileter
- 200 g kartofler (kogte)
- 300 g druer
- 3 spsk eddike
- 250 g creme fraiche
- 4 spsk mayonnaise
- peber
- salt
- 1 løg (lille, hakket)
- sukker

forberedelse

1. Udben og tør sildefileterne. Skær fileterne i små tern.
2. Halver de enkelte druer. Skræl og skær de kogte kartofler i tern.
3. Pisk mayonnaisen med creme fraiche, eddike, sukker, peber og salt. Pil og hak løget fint og rør det i saucen.
4. Fold sildene, vindruestykkerne og kartoflerne i cremefraicheblandingen.
5. Lad det trække i cirka 1 time og server derefter.

43. Sildesalat med avocado

ingredienser

- 8 stykker sildefileter
- 200 g kartofler (kogte)
- 1 æble
- 4 spsk mayonnaise
- 250 g creme fraiche
- peber
- salt
- 1 løg (lille, hakket)
- 1 tsk sukker
- 3 spsk eddike
- 2 stykker avocado

forberedelse

1. Udben og tør sildefileterne. Skær fileterne i små tern.

2. Skræl og skær æblet og de kogte kartofler i tern.
3. Skræl avocadoen og skær frugtkødet i små stykker.
4. Pisk mayonnaisen med creme fraiche, eddike, sukker, peber og salt. Pil og hak løget fint og rør det i saucen.
5. Fold sildene, æblestykkerne, avocadostykkerne og kartoflerne i cremefraicheblandingen.
6. Lad det trække i cirka 1 time og server derefter.

44. Stegt gåselår med rødkål og blommeboller

ingredienser

- 4 gåseben (hver 350 g)
- 150 g rodfrugter (gulerod, løg, porre, selleri)
- 3 Bynke
- 250 ml fjerkræfond
- 520 g kartoffelbolleblanding (færdig produkt)
- 8 svesker
- 4 teskefulde pulver
- 400 g rødkål (glas)
- 1 spsk tranebær
- 100 ml ribssaft
- 1 æble
- 1 spsk olivenolie
- salt
- peber

forberedelse

1. Kom gåsebenene i en ovnfast bradepande, gennembor begge sider med træpinde, så fedtet løber ud, krydr let med salt. Fjern benene, hæld fedtet fra. Rør kort ved rodfrugterne i bradepanden*, tilsæt bynke , læg benene ovenpå, hæld den brune fjerkræfond ved og kog i komfuret ved omkring 180°C i 60 minutter.
2. Form dumplings af kartoffelblandingen, tryk i en åbning, fyld de tørrede blommer med Powidl , tryk ind i åbningen, overtræk godt og læg dem i blød i let, boblende saltet vand, indtil de flyder ovenpå. Varm rødkålen op, raffinér med tranebær og ribssaft.
3. Rens æblet, skær huset ud, skær det i både og rist kort i varmt gåsefedt på begge sider. Hæld saucen fra, hæld den ud på en flad tallerken som et spejl, læg benet ovenpå, stil æblebåde op, servér rødkål og dumplings ved siden af, pynt med en kvist bynke .

45. Sydtyrolske abrikosboller

ingredienser

- 1000 g kartofler
- 80 g smør
- 50 g semulje
- 1 æg
- 2 æggeblommer
- 250 g mel
- 1500 g abrikoser eller blommer
- Sukker (terninger)
- salt
- At tjene:
- 180 g smør
- 150 g rasp
- Kanelpulver)

forberedelse

1. Kog kartoflerne i skindet, indtil de er bløde, og fjern dem fra skindet, mens de stadig er varme.
2. Tryk gennem kartoffelpressen og lad køle lidt af. Bland derefter kartoffelblandingen med smør, semulje, salt, æg og æggeblommer.
3. Sigt melet i mængden og tilbered det hele til en jævn dej (tilsæt evt. lidt mel). Hvil et par minutter.
4. Mel overfladen, rul dejen ud på den en halv centimeter tyk og skær 7x7cm firkanter ud. Udskift kernen af abrikoserne med en sukkerknald og dæk med dejfirkanterne.
5. Lav dumplings i kogende saltet vand og ved meget lav temperatur i cirka 10 minutter. Smelt smørret og rist brødkrummerne heri under konstant omrøring. Dræn de kogte dumplings, vend dem i rasperne og drys med sukker og kanelpulver.

46. Creme af blodappelsin og gulerodssuppe

ingredienser

- 1 løg
- 2 fed hvidløg
- 4 gulerødder (store)
- 3-4 kartofler (små)
- 1000 ml grøntsagssuppe
- 1 spsk creme fraiche
- 1 tsk ingefærpulver
- peber
- salt
- 1 blodappelsin (presset)

forberedelse

1. Til blodappelsin- og gulerodsflødesuppen hakkes først løg og hvidløg groft, gulerødder og kartofler skrælles og skæres i tern.
2. Damp løg og hvidløg i lidt olie, rør ingefærpulveret i og afglasér med saften af blodappelsin. Hæld suppen i, tilsæt gulerods- og kartoffelstykkerne og lad det simre til de er færdige.
3. Blodappelsin gulerodssuppen med stavblender puré, smag til med creme fraiche, salt og peber og server.

47. Farverig kartoffelmayonnaisesalat

ingredienser

- 1 kop kartofler
- 1 kop (e) skinke (i tern)
- 1 kop æg (hårdkogt og hakket)
- 1 kop (r) pickles
- 1 kop (r) æbler
- 1 kop (r) løg
- 1 kop (r) majo
- salt
- peber

forberedelse

1. Til den farverige kartoffel- og mayonnaisesalat koges kartoflerne bløde, skrælles og skæres i tern. Hårdkog og hak

æg. Skræl æblet, fjern kernehuset og skær det i tern. Skær sylten i små tern. Pil løg og skær dem i fine stykker. Skær skinken i tern eller strimler.
2. Bland alle ingredienser, smag til med salt og peber og rør mayonnaisen i. Lad det trække i køleskabet i mindst 1 time.
3. Server den farverige kartoffel- og mayonnaisesalat ved stuetemperatur!

48. Kartoffelnudler

ingredienser

- 750 g kartofler (melerede)
- 130 g mel
- 1 æg
- 1 knivspids salt
- olie
- muskatnød
- tvebakker (krummer)
- Sukker (brunt)
- Æblekompot

forberedelse

1. Til kartoffelnudlerne skal du ikke koge kartoflerne for bløde i skindet, skræl dem og før dem gennem kartoffelpressen eller en

sigte; Bland med æg, mel, salt og en knivspids muskatnød til en dej. Form disse til fingertykke nudler og steg dem i varm olie på en pande.
2. Vend ristede, sødede tvebakker i og server kartoffelnudlerne med æblekompot.

49. Æbletærte med kartoffeltopping

ingredienser

Sandskorpe :

- 240 g mel
- 160 g smør
- 80 g flormelis
- 1 æg
- 1 knivspids salt

Støbning:

- 80 g smør
- 100 g sukker
- 4 æg
- 1 citron (revet)
- 60 g mandelkerner, afskallede og malede
- 100 g kartofler (kogte fra dagen før)

Også:

- 1000 g æbler (Boskop)
- 30 g sukker
- 1 citron (saft)

forberedelse

1. Prøv denne lækre kageopskrift:
2. Smørdej : Ælt smør, sukker og æg sammen og tilsæt sigtet mel og ælt til en smuldret dej. Pak derefter ind i husholdningsfilm og groft
3. Hvil i køleskabet i 20 minutter. Smør en kagespringform med en diameter på 26 cm og fordel den ud med dejen.
4. Fjern skrællen og udkern æblerne og skær dem i 6-8 skiver efter størrelse. Mariner med sukker og citronsaft.
5. Topping: Adskil æggene og pisk halvdelen af sukkeret sammen med smør, æggeblomme og citronskal. Rør de malede mandelkerner i. Fjern de kogte kartofler fra dagen før fra skindet og riv eller pres gennem en presse og bland også i mængden. Pisk til sidst æggehviden med det resterende sukker og vend det i kartoffelblandingen.
6. Træk de marinerede æbler gennem glasuren med en gaffel og læg dem jævnt i gryden. Fordel resten af glasuren jævnt over

æblerne og bag derefter ved 200°C over- og undervarme i cirka 45 minutter.

50. Kartofler med æblemos

ingredienser

- 750 g kartofler
- 1 liter vand
- 125 g bacon (blandet)
- 3 løg
- Eddike (efter smag)
- 500 g æblemos (fra glasset)
- 1 tsk sukker
- salt

forberedelse

1. Til kartofler med æblemos skrælles kartoflerne. Bring i kog i en gryde med saltet vand og kog i 20 minutter. Dræn og tryk ned i gryden, mens den stadig er varm gennem en

presse. Hæld æblemosen i og rør blandingen tyk og cremet, varm op og tilsæt sukker.

2. Hak de pillede løg og bacon fint. Steg begge dele i en stegepande til de er gyldne og tilsæt kartoflerne med æblemos. Kartoflerne med æblemos efter smag med eddike og salt.

KARTOFFEL ES OPSKRIFTER HOVEDRET

1. Kartofler med ostemasse

- Tilberedningstid 15 til 30 min
- Portioner: 4

ingredienser

- 1 kg kartofler
- 500 g ostemasse
- 100 ml creme fraiche
- hvidløg
- smør
- salt
- 1 bundt friske krydderurter

forberedelse

1. Til kartoflerne med ostemasse skal du først vaske kartoflerne godt og skære dem i halve.

Kom vand i en gryde, smag til med salt og kog kartoflerne med skræl.
2. Rør ostemassen med cremefraiche og friske krydderurter. Hak hvidløget fint. Varm smørret op på panden og steg hvidløget kort. Bland hvidløget i massen.
3. Læg de kogte kartofler på et fad (kartoflerne bliver i skindet) og server med ostemasseblandingen.

2. Bagte kartofler

- Tilberedningstid 30 til 60 min
- Portioner: 4

ingredienser

- 500 g kartofler
- 125 g bacon (røget)
- Stege fedt
- 2 spsk smør
- 1/2 kop (r) flødeskum
- 1/2 kop (r) lys øl
- 1 stk æg
- salt
- peber
- Brødkrummer
- Smørflager
- løgringe

forberedelse

1. Skræl kartoflerne og skær dem i 0,5 cm tykke skiver; Skær baconen i tynde skiver og steg i lidt stegefedt. Fordel smør på et ovnfast fad og læg derefter lag kartofler og bacon på; Pisk flødeskum, øl, æg, salt og peber og hæld over kartoflerne. Drys med rasp, smørflager og eventuelt løgringe og bag i ovnen i cirka 30 minutter.

3. Szeged gulyas med kartofler

- Tilberedningstid 30 til 60 min
- Portioner: 4

ingredienser

- 500 g surkål
- 500 g svinemørbrad (svinemørbrad)
- 2 løg (medium eller 1 portion ristede løg)
- salt
- peber
- paprika
- 1 spsk tomatpure
- hvidløg
- Kommen frø
- 1 kop creme fraiche
- 500 g kartofler

forberedelse

1. Hak løget og rist det med lidt olie på en pande, skær lungestegen i tern. Bland surkålen med kød i tern og det ristede løg i en lukket skål og smag til med salt, peber, paprika, tomatpuré, presset hvidløg og hakkede kommenfrø.
2. Skræl og kvarte kartoflerne. Kog i en perforeret skål.

4. Braiseret kylling med kartofler

- Tilberedningstid Mere end 60 min
- Portioner: 4

ingredienser

- 1 kylling (økologisk, hel, ca. 1 kg)
- 1 pære (r) hvidløg
- 6 små kartofler
- 10 kvist(e) timian
- 200 ml kyllingesuppe
- 150 ml hvidvin
- 2 skalotteløg
- 1 citron (økologisk)
- 2 spsk smør

forberedelse

1. Til den braiserede kylling, forvarm ovnen til 160 ° C, skær kartoflerne og hvidløget i halve og skær citronen i skiver.
2. Læg kyllingebrystet op i et ovnfast fad (eller i en ovnfast gryde med passende låg), tilsæt de resterende ingredienser samt vin og suppe.
3. Krydr kyllingen med salt og peber, læg låg på og braiser i cirka 60 minutter, tag derefter låget af og steg i yderligere 10-15 minutter.
4. Tag den braiserede kylling op af gryden og server med kartoflerne og sovsen.

5. Sorte spidskommen kartofler med mynte raita

- Tilberedningstid 30 til 60 min
- Portioner: 4

ingredienser

- 500 g kartofler (voksagtige)
- 2 spsk ghee
- 2 spsk olivenolie
- salt
- 2 spsk sort spidskommen
- 1 bundt mynte (frisk)
- 1 tsk bukkehornsfrø
- 200 ml naturlig yoghurt
- salt
- peber

forberedelse

1. Til de sorte spidskommen kartofler skæres kartoflerne i skiver. Smelt ghee i en lille gryde, bland med olivenolie og salt.
2. Læg kartoflerne på en bageplade og pensl med ghee-olie-saltblandingen. Drys med sort spidskommen og bag i ovnen ved 200 grader i cirka 30 minutter til de er gyldenbrune.
3. Prik de tykkere skiver med en gaffel for at se, om de allerede er bløde. Mens kartoflerne er i ovnen, hakkes mynten fint, bukkehornsfrøene males i en krydderikværn (virker hurtigere) eller i en morter.
4. Til raitaen røres yoghurt, mynte og bukkehorn, indtil det er jævnt, smag til med salt og peber. Server de sorte spidskommen kartofler med mynte raita.

6. Kartoffel i skønhedsbadet

- Tilberedningstid 15 til 30 min
- Portioner: 4

ingredienser

- 1 kg kartofler (resten fra dagen før)
- 200 g pickles (sød og sur)
- 3 spsk fløde
- 60 g smør
- 40 gram mel
- 3/4 l mælk
- 2 teskefulde suppepulver
- salt
- peber

forberedelse

1. Til kartoflerne i skønhedsbadet smeltes smørret i en gryde, melet tilsættes ved konstant omrøring og ved lavt blus. Rør herefter mælken i med piskeriset og lad det simre til det bliver pænt og fyldigt. Smag til med suppepulver, salt og peber, tilsæt fløden og smag til med det syltede cornichonvand.
2. Men pas på ikke at blive for vred. Skær agurk og kartofler i mundrette skiver. Lad det simre i bechamelsaucen et par minutter og smag til sidst til med peber.

7. Kartoffelbalsam for sjælen

- Tilberedningstid 15 til 30 min
- Portioner: 4

ingredienser

- 2 avocadoer (meget moden)
- 4 spsk Aceto Balsamico Bianco
- 3 spsk aceto balsamico is
- 2 fed hvidløg
- salt
- Kartoffelmos:
- 4 kartofler (store, melede)
- noget mælk
- 1 stk smør
- Salt
- olivenolie

forberedelse

1. Til kartoffelmosen koges kartoflerne i skindet, til de er bløde, skrælles og pureres med en stavblender. Tilsæt varm mælk, smør og salt. Skræl avocadoerne, skær i halve, skær på langs i tynde skiver og luft ud på tallerkener.
2. Pres hvidløget og fordel på avocadoen. Mariner med eddike og salt. Tilsæt en stor klat kartoffelmos og dryp med olivenolie.

8. Bagte kartoffelæg

- Tilberedningstid 5 til 15 min
- Portioner: 4

ingredienser

- 2 bagte kartofler (store)
- 40 g smør
- 4 æg
- salt
- peber
- Purløg (til pynt)

forberedelse

1. Til bagte kartoffelæg koges kartoflerne i deres skind, indtil de er bløde og skæres i

halve. Udhul de halverede kartofler lidt med en kaffeske, krydr med salt og peber.
2. Tilsæt smørret og læg et æg i hver halvdel.
3. Sæt de fyldte kartofler i ovnen forvarmet til 200 ° C i 10 minutter.
4. Fjern de bagte kartoffelæg, pynt med purløg og server.

9. kartoffelpande

- Tilberedningstid 30 til 60 min
- Portioner: 4

ingredienser

- 5 fed hvidløg (store)
- 1 kvist (r) rosmarin (stor)
- 1,5 kg små kartofler
- salt
- peber
- 7 spsk olivenolie
- 250 g oliven (sorte, med kerne)
- 1/8 l hvidvin (tør)

forberedelse

1. Til kartoffelpanden skrælles og hakkes hvidløget groft, pluk rosmarinkvisten og skræl de rå babykartofler. Læg de skrællede

kartofler i et ovnfast fad, så de dækker bunden.
2. Salt og peber derefter, drys med hvidløg og rosmarin, læg den resterende gren ovenpå og dryp med olivenolien. Sæt derefter i ovnen forvarmet til 200 ° C i 30 minutter.
3. Tilsæt oliven og hvidvin og skub i røret i yderligere 10 minutter.
4. Server straks.

10. Cremefine kartoffel- og pæregratin

- Tilberedningstid Mere end 60 min
- Portioner: 4

ingredienser

Til Cremefine kartoffel- og pæregratinen :

- 800 g kartofler
- 1 pære
- 250 ml Rama Cremefine til madlavning
- Salt peber

Lækker tilføjelse:

- 1 fed hvidløg
- 80 g ost (revet)

forberedelse

1. Til kartoffel- og pæregratinen skrælles kartoflerne og skæres i tynde skiver. Læg

ildfastfadet i rækker som en vifte. Salt godt og peber efter smag.
2. Forvarm ovnen til 200 ° C (gas: niveau 3, konvektion: 180 ° C). Kvarter, udkern, skræl og skær pæren i skiver. Læg dem godt fordelt mellem kartoffelskiverne.
3. Hæld Cremefine ovenpå og bag kartoffel- og pæregratin K i den forvarmede ovn i cirka 50 minutter.
4. Passer rigtig godt til det: Knus hvidløgsfeddet eller skær det fint og bland det med Cremefine . Revet ost, fx B. Emmentaler , drys over gratinen og bag.

KARTOFFEL ES OPSKRIFTER HAVSMAD OG FISK

11. Bagte kartofler med sildesalat

- Tilberedningstid Mere end 60 min
- Portioner: 4

ingredienser

Til kartoflerne:

- Vegetabilsk olie (til børstning)
- 4 kartofler (store, mest voksagtige, ca. 250 g hver)
- salt
- Peber (fra møllen)

Til sildesalaten:

- 6 dobbelte matjesfileter

- 1 løg (stor, mild)
- 2 æbler (røde)
- 120 g creme fraiche
- 80 g yoghurt
- 60 g mayonnaise
- 1-2 spsk æblecidereddike
- 1 skvæt citronsaft
- salt
- 1 knivspids sukker
- Peber (fra møllen)
- Dild (friskhakket, til pynt)

forberedelse

1. Til bagte kartofler med sildesalat skal du først forvarme ovnen til 200 ° C over- og undervarme. Pensl 4 stykker alufolie med olie.
2. Prik kartoflerne flere gange med en gaffel, krydr med salt, peber og pak hver gang tæt ind i alufolie. Læg de bagte kartofler på en bageplade og bag dem i ovnen i cirka 1 time, indtil de er bløde.
3. Dup sildefileterne tørre og skær dem i mundrette stykker. Pil løget, skær det i ottendedele og skær det i fine strimler. Vask og kvarte æblerne og fjern kernehuset. Halver kvartererne på langs og skær dem i stykker.

4. Bland cremefraiche med yoghurt, mayonnaise, eddike og citronsaft, indtil det er glat. Smag dressingen til med salt, sukker og peber. Bland alle de tilberedte salatingredienser i og krydr sildesalaten efter smag.
5. Fjern kartoflerne, pak dem ud af folien, skær dem på kryds og tværs, skub dem lidt fra hinanden og lad dem dampe kortvarigt af. Hæld sildesalaten i, kværn let med peber og server bagte kartofler med sildesalat drysset med dild.

12. Matjesfileter med nye kartofler og brunch

- Tilberedningstid 30 til 60 min
- Portioner: 4

ingredienser

- 800 g kartofler
- salt
- 1 stk æg
- 1 bundt radiser
- 1 bundt purløg
- 200 g Brunch Classic
- 50 ml mælk
- 2 spsk citronsaft
- Peber (friskmalet)
- 8 matjes filet

forberedelse

1. Vask kartoflerne og kog dem i saltet vand i cirka 25 minutter. Kog ægget hårdt i cirka 10 minutter. Vask og rens radiserne og skær dem i fine stave. Vask purløg, dup tør og skær i ruller.
2. Pil ægget, skær det i små tern og bland det med brunch, radiser, purløg, mælk og citronsaft. Server med sildefileter og kartofler.

13. Urtefisk med kartoffel zucchini grøntsager

- Tilberedningstid 30 til 60 min

ingredienser

Kartofler og zucchini grøntsager:

- 400 g små, fedtede kartofler
- 1 stykke zucchini (ca. 200 g)
- Salt peber
- 2 kviste timian
- 2 teskefulde olivenolie
- Sølvpapir

Urtefisk:

- 2 stykker. fileter af mager fisk (torsk, sej)
- 2 spsk citronsaft
- Salt peber

- 1 tsk revet citronskal (ubehandlet)
- Urter (efter behag)
- Sølvpapir

forberedelse

1. Forvarm ovnen til 180°C.
2. Til kartofler og zucchini grøntsager, vask og pensl kartoflerne. Forkog i en dampkoger i cirka 15 minutter, skræl og skær i store stykker. Skær zucchinien i tynde skiver.
3. Læg to stykker alufolie ovenpå, fordel de skårne kartofler og zucchini i midten, krydr med salt og peber, læg en timiankvist på hver og dryp med olivenolie. Forsegl aluminiumspakken tæt.
4. Til urtefisken lægges en fiskefilet krydret med citronsaft, salt og peber på yderligere to stykker alufolie, drysses med citronskal og krydderurter. Luk pakken tæt.
5. Læg alle fire aluminiumspakker på en bageplade og bag dem i den forvarmede ovn i cirka 20 minutter.
6. Åbn derefter, server urtefisken med kartoffel- og zucchini-grøntsagerne.

14. Laksefilet med asparges og grøntsager

- Tilberedningstid Mere end 60 min
- Portioner: 4

ingredienser

- 500 g asparges (hvide)
- 2 zucchini (små)
- 1 stk porre (lille)
- 600 g lakseskiver
- 500 g kartofler

forberedelse

1. Skræl kartoflerne, skær grøntsagerne i ikke for små stykker, salt laksen og dryp med citronsaft.
2. Læg kartoflerne i en perforeret skål. Læg grøntsagerne hver for sig i en hulskål og læg

også laksefileterne i deres egen let smurte hulskål.
3. Læg først kartoflerne i dampkogeren. Tilberedning af grøntsager ved 100 ° C i 30 minutter.
4. Kom efter 20 minutter asparges og porre i dampkogeren, og tilsæt derefter laks og zucchini de sidste 5 minutter.

15. Forårslaks fra dampkogeren

- Tilberedningstid 15 til 30 min
- Portioner: 4

ingredienser

- 1 bundt forårsløg
- 500 g fiskefileter (Iglo TK laks)
- salt
- peber
- Dild
- 1 citron
- 250 ml flødeskum
- 3 æg
- 2 kartofler (små)
- cherrytomater

forberedelse

1. Hak forårsløgene og steg dem lidt. Fordel i en stor uperforeret skål.
2. Skær laksen i ca. 1 cm tern og fordel ud over dem.
3. Pisk flødeskummet med æggene, riv kartoflerne i, krydr og fordel over laksen.
4. Kog i dampkogeren ved 100 grader i cirka 20 minutter.
5. Server med halverede cherrytomater og dildsauce (dild, salt, creme fraiche).

16. Laks i en seng af grøntsager

- Tilberedningstid 30 til 60 min
- Portioner: 4

ingredienser

- 400 g gulerødder
- 200 g zucchini
- 4 stk. forårsløg
- 600 g kartofler
- salt
- peber
- 600 g laksefilet (gerne vildlaks)
- lidt citronsaft
- Citronbåde (til pynt)

forberedelse

1. Til laks i en grøntsagsseng skal du skrælle kartoflerne, vaske gulerødder og zucchini og

skære i stykker, der ikke er for små. Pil forårsløgene og skær dem i strimler. Læg kartoflerne i en perforeret skål.

2. Læg grøntsagerne i en anden perforeret kogebeholder og krydr med salt og peber. Krydr fiskefileten, dryp med citronsaft og læg den også i sin egen letsmurte perforerede skål.

3. Damp først kartoflerne i 30 minutter. Kom efter 18 minutter laksen i dampkogeren, reducer temperaturen til 85 ° C. Damp grøntsagerne de sidste 6 minutter.

4. Salt kartoflerne efter smag. Anret kartoflerne og grøntsagerne på tallerkener, læg lakseskiver ovenpå grøntsagerne. Server toppet med citronskiven.

17. Sildesalat med granatæble

- Tilberedningstid Mere end 60 min
- Portioner: 4

ingredienser

- 8 stykker sildefileter
- 1 æble (f.eks .: Boskop)
- 200 g kartofler (kogte)
- 3 spsk eddike
- 1 tsk sukker
- 4 spsk mayonnaise
- 250 g creme fraiche
- peber
- salt
- 1 løg (lille, hakket)
- 1 granatæble

forberedelse

1. Til sildesalaten med granatæble, udbenet og tørre sildefileter. Skær fileterne i små tern.
2. Skræl og skær æblet og de kogte kartofler i tern.
3. Rul granatæblet på et fast underlag med et lille tryk, skær det derefter op og fjern granatæblekernerne.
4. Pisk mayonnaisen med creme fraiche, eddike, sukker, peber og salt. Pil og hak løget fint og rør det i saucen.
5. Fold sildene, æblestykkerne, kartoflerne og granatæblekernerne i cremefraicheblandingen.
6. Lad sildesalaten med granatæble trække i cirka 1 time og server derefter.

18. Rørred med vild hvidløgs kokospuré

- Tilberedningstid 30 til 60 min

ingredienser

- 4 stykker char
- 400 g melede kartofler
- 5 g vilde hvidløg
- 150 ml kokosmælk
- 3 spsk olie
- 1 spsk sesamolie til stegning
- muskatnød
- salt

forberedelse

1. Kog kartoflerne i saltet vand, indtil de er bløde, skræl dem, mens de stadig er varme, tryk dem gennem kartoffelpressen og kom dem i en skål. Vask de vilde hvidløg, purér med

3 spsk olie og bland i kartoflerne sammen med kokosmælken og bland det hele godt med piskeriset. Smag til med salt og muskatnød. Varm en slip-let pande op, hæld sesamolien i og steg fiskefileterne krydret med salt og peber på begge sider i cirka 2 minutter. Anret puréen på tallerkener, fiskefileterne ved siden af eller ovenpå.

19. Gröstl fra den røgede havkat

- Tilberedningstid 30 til 60 min
- Portioner: 2

ingredienser

- 300 g blomkål (blomkål)
- 20 g flydende nøddesmør
- 10 g yoghurt
- 20 ml lagret balsamicoeddike
- Havsalt, peber fra møllen
- 3 kartofler
- 1 spsk jordnøddeolie
- 240 g havkat, røget
- salt

forberedelse

1. Kog halvdelen af blomkålen til den er blød og purér med nøddesmør, yoghurt og balsamicoeddike, krydr og hold varm.
2. Del resten af blomkålen i buketter og kog til al dente. Skær kartoflerne i tern og kog. Steg blomkålsbuketter og kartoffeltern i jordnøddeolie.
3. Skær havkattefileten i tern, læg på en tallerken, krydr med salt, pak ind med varmebestandig folie og lad det simre ved ca. 90°C i 10 minutter. Server med blomkålspuré og Gröstl og dryp med balsamiconøddesmør-emulsion.

20. Karper i sort øldej med grøn kartoffelsalat

- Tilberedningstid 15 til 30 min

ingredienser

- 4 stykker karpefileter
- salt
- spidskommen
- Citronsaft
- 1/4 l sort øl
- 2 stykker æggeblommer
- 250 g mel

Til kartoffelsalaten:

- Kartofler
- Vild hvidløgspesto (eller basilikumpesto)
- rucola
- creme fraiche
- eddike
- olie
- salt

forberedelse

1. Til kartoffelsalaten koges og skrælles kartoflerne, skåret i små stykker. Bland pesto, fløde, eddike, olie og salt til en cremet marinade.

2. Skær karpefileten i strimler og smag til med salt, peber, spidskommen og citronsaft.
3. Bland æggeblomme, mel og sort øl til en dej, træk fiskefileterne gennem dejen og steg i varmt fedtstof.
4. Anret rucola på tallerkener, læg den grønne kartoffelsalat ovenpå og læg karpefileterne ovenpå og server.

KARTOFFEL ES OPSKRIFTER OKSEKØD OG SUPPE

21. Hakket kød med kartoffelmos

- Tilberedningstid Mere end 60 min
- Portioner: 2

ingredienser

- 6 tomater
- 6 skalotteløg
- 1 fed hvidløg
- Olie (til stegning)
- 500 g hakket kød
- salt
- Peber (fra møllen)

Til kartoffelmos:

- 800 g kartofler
- 350 ml mælk
- 80 g smør (i flager)

- salt
- Peber (hvid)
- 1 knivspids muskatnød (kværnet)

forberedelse

1. Til hakket kød med kartoffelmos skal du først skrælle kartoflerne, hakke dem groft og koge dem i saltet vand, til de er bløde. Hæld fra og pres ud. Varm mælken op og bland med kartoflerne. Rør smør i. Smag til med salt, peber og muskatnød.
2. Blancher tomaterne og pil skindet af. Skær frugtkødet i tern. Skræl og skær skalotteløgene fint. Pil og pres eller hak hvidløget fint.
3. Varm olien op og steg skalotteløg og hvidløg heri. Tilsæt hakket kød og steg godt. Tilsæt tomaterne. Lad simre i cirka en halv time. Smag til med salt og peber. Purér evt.
4. Server hakket kød med kartoffelmos.

22. Kødboller

ingredienser

Til dejen:

- 500 g kartofler
- 10 g smør
- 30 g hvedegryn
- 120 g mel (praktisk)
- 1 stk æg
- salt
- muskatnød

For fylden:

- 1 spsk solsikkeolie
- 100 g løg
- 200 g hakket kød (blandet)
- 1 spsk QimiQ
- salt

- Sennep, peber
- Merian, hvidløg

forberedelse

1. Forbered kartoffeldejen: Skræl, kvartér og damp kartoflerne. Tryk kartoflerne ud på et meldrysset bagværk, fordel smørflagerne ovenpå og ælt dem kort sammen med de resterende ingredienser til en dej.
2. Forbered fyldet: Hak løgene fint, steg dem i olie, tilsæt hakket kød, steg kort, tyk med QimiQ og krydr.
3. Lever vand.
4. Form dejen til en rulle, skær i skiver, fordel fyldet ovenpå, form dumplings og luk tæt.
5. Lad dumplings trække i saltet vand i cirka 10-15 minutter.
6. Tag kødbollerne ud med en sigteske og server.

23. Spinat med kogt oksekød og ristede kartofler

ingredienser

- 1 pakke frossen spinat
- 1 fed hvidløg (presset igennem)
- 6 kartofler (ca. 300 g, kogte og hakkede)
- 1 løg (hakket i små stykker)
- lidt olie (til stegning)
- salt
- 300 g oksekød (kogt, f.eks. skulderspæk, mager mejsel)
- Peber (friskmalet)

forberedelse

1. Tø spinaten op og varm den op i en gryde.

2. Pil og pres hvidløgsfeddet og rør det i spinaten, bland det godt.
3. Svits løget i olie, tilsæt kartoflerne, krydr med salt og peber og steg til det er sprødt, vend jævnligt.
4. Skær oksekødet i skiver.
5. Kom spinaten på tallerkenen, læg oksekødet ovenpå, tilsæt kartoflerne og server med det samme.

24. Steg løg med kartoffelmos

- Tilberedningstid 30 til 60 min

ingredienser

- 500 g kartofler (melerede)
- 100 ml mælk
- 1 løg
- 2 skiver Beiried (200 g hver)
- 150 ml kalvefond
- 150 ml rødvin
- salt
- peber
- muskatnød
- paprika
- Mel
- smør
- olie

forberedelse

1. Skræl kartoflerne, kvartér dem og kog dem i saltet vand, dræn dem derefter og tryk dem gennem pressen, mens de stadig er varme. Rør varm mælk, 1 spsk smør, salt og muskatnød i med et piskeris og hold pureen varm.
2. Skær løget i tynde skiver, krydr med salt, peber og paprika og drys med mel, steg i varm olie til de er gyldenbrune.
3. Krydr kødet med salt og peber og svits det på begge sider i en gryde i olie, og lad det derefter simre et par minutter ved svag varme.
4. Tag kødet op af gryden og hold det varmt. Afglasér stegen indstillet med bouillon og rødvin og reducer til det halve.
5. Server kødet med kartoffelmosen og løgene, hæld saucen over og server.

25. Lever- og kartoffelboller med salat

ingredienser

- 350 g kalvelever
- 350 g kartofler (kogte)
- 2 æg
- 100 g mel
- 2 spsk spæk (eller olie)
- 120 g rasp
- 120 g løg (finhakket)
- 2 fed hvidløg (fint hakket)
- 1/2 spsk merian (hakket)
- salt
- peber
- 200 g lammesalat
- Eddike (og olie til marinering)
- Olie (til stegning)

forberedelse

1. Hak kalveleveren groft eller hak den meget fint. Pres de kogte kartofler gennem en kartoffelpresser. Svits de hakkede løg og hvidløg i varmt fedtstof, bland med leveren, de pressede kartofler og æggene. Smag til med salt, peber og merian.
2. Bland mel og rasp i blandingen. Hæld olie i en pande finger høj og varm. Brug en ske til at skære knaster ud af massen og bag dem ud. Løft ud og dræn. Mariner lammesalaten med eddike, olie og salt og server sammen med dumplings.

26. Rodfrugtsuppe med kartofler

- Tilberedningstid 15 til 30 min

ingredienser

- 250 g gulerødder (gule)
- 250 g gulerødder
- 200 g pastinakker
- 5 kartofler (små)
- Persille (frisk)
- 1 spsk rapsolie
- peber
- Grøntsagssuppetern

forberedelse

1. Til rodfrugtsuppen med kartofler skrælles gulerødder, gule gulerødder og pastinakker, skæres i skiver eller tern. Rist i rapsolie, hæld vand på og lad det koge op.
2. Et kvarter senere tilsæt kartoflerne og kog det hele sammen, indtil det er blødt. Smag til med peber og grøntsagssuppekrydderi. Til sidst tilsættes den vaskede og hakkede persille.
3. Rodfrugtsuppen med kartoffel server.

27. Kartoffel- og svampesuppe

ingredienser

- 4 kartofler (ca. 500g)
- 3 gulerødder (ca. 300g)
- 150 g knoldselleri
- 2 stk. Løg
- 150 g svampe
- 250 ml flødeskum
- 1 l grøntsagssuppe
- 2 spsk mel
- 1 spsk sojasovs
- merian
- Lovage
- Velsmagende
- Kommen frø
- muskatnød
- Fechel frø
- peber

- salt
- 1 bundt purløg
- 1/2 bundt persille
- 6 tsk peberrodscreme (tilsæt 1 tsk pr. portion)

forberedelse

1. Til kartoffel- og svampesuppen skæres løgene i meget små tern og steges til de er gyldne. Skær svampene i tern og tilsæt løgene.
2. Skær kartofler, gulerødder og knoldselleri i tern, tilsæt og sauter kort. Tilsæt mel og steg kort. Hæld suppen ovenpå, smag til med merian, løvstikke , krydret, kommen, muskatnød, fennikelfrø, salt og peber.
3. Bring kortvarigt i kog, tilsæt flødeskummet, og lad derefter trække på laveste niveau, indtil grøntsagerne er gennemstegte.
4. Tilsæt purløg og persille, krydr godt og server kartoffel- og svampesuppen med peberroden.

28. Kartoffelsuppe

- Tilberedningstid 15 til 30 min

ingredienser

- 450 g kartofler
- 1 porre(r)
- 200 g gulerødder
- 2 stk. Løg
- ca. 150 g knoldselleri
- l suppe
- laurbærblade
- merian
- purløg
- salt
- 1 spsk mel
- Velsmagende
- Lovage
- persille

- peber

forberedelse

1. Til kartoffelsuppen skæres løget i tern, grøntsagerne hakkes groft, løgene steges i en gryde til de er gyldne, porre og mel tilsættes og steges kort.
2. Tilsæt de resterende grøntsager og laurbærblade og hæld suppen på. Lad simre til kartoflerne er færdige.
3. Tilsæt nu merian, salte og løvstikke og lad det trække. Inden servering tilsættes purløg og persille til kartoffelsuppen.

29. Kartoffelsuppe med kantareller

ingredienser

- 1 stk løg
- Olivenolie (til braisering)
- 300 g kartofler
- 400 ml grøntsagssuppe
- 250 ml sojakøkken
- 2 stykker laurbærblade
- 1 tsk merian
- 1 tsk ingefær (revet)
- 150 g kantareller
- salt
- Persille (hakket, til drys)
- peber

forberedelse

1. Til kartoffelsuppen skæres løget i små stykker. Skræl og skær kartoflerne i tern, rens kantarellerne og skær dem eventuelt mindre.
2. Svits løget i olivenolien, indtil det er gennemsigtigt. Rist kartoffelternerne kort, hæld suppen og sojakøkkenet i, tilsæt krydderierne og lad det simre i 10 minutter, indtil kartoflerne er bløde.
3. I mellemtiden ristes kantarellerne kort i olivenolie og tilsættes suppen 3 minutter før kogningen slutter. Drys suppen med persille inden servering.

30. Kålkartoffelsuppe

ingredienser

- 500 g kartofler
- 3 løg
- 750 g hvidkål (i skiver)
- 1 liter suppe
- 500 g bacon (mager)
- 3 spsk kommenfrø
- 1 spsk mel
- 1 spsk smør
- 3 spsk creme fraiche
- 1 spsk salt
- peber

forberedelse

3. Til kålkartoffelsuppen sauteres revet hvidkål, skrællede kartofler og magert bacon skåret i tern i suppen, til det er blødt. Smag til med salt, kommen og peber.
4. Inden servering sauteres de finthakkede løg i lidt smør, drysses med mel, røres med lidt cremefraiche og røres i kål-kartoffelsuppen.

31. Kartoffelsuppe med pølser

ingredienser

- 1 pakke Tk suppe grøn
- 800 g kartofler
- 1 løg
- 30 g smør
- 750 ml oksekødsuppe ((instant))
- 125 ml flødeskum
- salt
- peber
- Paprika (ædel sød)
- 4 frankfurtere
- 1 bundt persille

forberedelse

4. Optø suppegrønt. Skræl og skyl kartoflerne, skåret i tern. Pil og hak løget, svits det i smør,

indtil det er gennemsigtigt. Tilsæt kartofler og steg kort. Hæld klar suppe i, kog alt sammen i 12-15 minutter.
5. Fjern 1/3 af kartoflerne, kværn resten i gryden. Kom de resterende kartoffelstykker med det optøede suppegrønt og flødeskum i gryden igen. Suppe 6-8 min.
6. Smag til med peber, salt og peber. Sauter Frankfurt-pølser i varmt vand, fjern dem og afdryp. Skær i små skiver. I kartoffelsuppeformen. Skyl persillen, ryst tør, hak fint og drys over inden servering.

32. græskarflødesuppe

ingredienser

- 1 græskar (Hokaido)
- 2 løg
- 2 fed hvidløg
- 5 kartofler
- 1 l grøntsagssuppe
- 250 ml creme fraiche (eller 200 ml flødeskum)
- Græskarkerneolie
- salt

forberedelse

5. Til græskarflødesuppen hakkes løg og hvidløg fint. Skær græskar og kartofler i små stykker.
6. Varm olie op i en stor gryde og svits løgstykkerne og hvidløget let. Hæld suppen på og bring det i kog. Tilsæt græskar- og kartoffelstykkerne og lad det simre i 20 minutter.
7. Purér suppen efter de 20 minutter. Rør cremefraiche eller flødeskum godt i og smag til med salt.
8. Anret i en suppetallerken og pynt græskarflødesuppen med græskarkerneolien.

33. Kartoffelsuppe med tofu spyd

ingredienser

- 750 g kartofler
- 3 stk. Løg
- 2 spsk olivenolie
- 1 l grøntsagssuppe
- 2 zucchini (små)
- 200 g tofu
- 1 spsk sesamfrø
- salt
- 250 ml soja (madlavningsfløde)
- 1 spsk sennep
- merian
- peber

forberedelse

6. Til kartoffelsuppen med tofu-spyd skræl og hak kartofler og løg. Varm 1 spsk olie op i en gryde og svits løget kort.
7. Tilsæt kartoflerne, afglasér med suppen. Bring i kog og kog i 15 minutter. Skær zucchini og tofu i skiver og sæt dem skiftevis på træspyd.
8. Steg spyddene i den varme olie, til de er gyldenbrune, mens du vender. Drys med sesamfrø og krydr med salt og peber.
9. Purér suppen, bland madlavningsfløde og sennep og tilsæt suppen, bring det i kog igen. Smag til med salt og peber.
10. Kartoffelsuppen med tofu spyd serverer.

34. Alkalisk kartoffelsuppe

ingredienser

- 500 ml vand
- 1 grøntsagssuppeterning
- 1 knivspids acerola pulver
- 8 kartofler (mellemstore)
- 100 g gulerødder (fint revet)
- 1 porre (porre, pind)
- 1 kg løg (finhakket)
- 2 spsk fløde
- 1 spsk dille (frisk, finthakket)
- 1 spsk smør
- havsalt
- 1 knivspids peber
- 1 knivspids paprikapulver

forberedelse

6. Til den alkaliske kartoffelsuppe, sauter løget i smør, indtil det er gennemsigtigt. Hæld vand på.
7. Tilsæt kartofler og finthakkede grøntsager og bring det hele i kog.
8. Lad det simre på lavt niveau i 15 minutter og purér derefter. Finfinér med fløde og smag til med krydderierne.
9. Drys den finthakkede dild ovenpå.
10. Acerola-pulveret lige før Serviereni den grundlæggende kartoffelsuppe tilføjes.

35. Bredbønnegryderet

ingredienser

- 3 kg bondebønner (friske)
- 400 g lam
- 750 g kartofler
- 40 g smør
- 400 ml vand
- Velsmagende
- Peber (kværnet)
- salt

forberedelse

1. Til bondebønnegryden skæres kødet i små tern.

2. Skræl, vask og skær kartoflerne i tern. Varm smørret op, vend kødet og vend det let brunt heri, smag til med salt og peber.
3. Tilsæt salte, kartofler, bønner og vand, lad det simre i ca. 1 1/2 time. Krydr bondebønnergryden med salt og peber og server varm.

KARTOFFEL ES OPSKRIFTER SNACKS

36. Søde kartoffelruller

ingredienser

- 250 g kartofler (melerede)
- 250 g hvedemel (glat)
- 250 g fuldkornshvedemel
- 1 pakke tørgær
- 80 g sukker
- 1 stk æg
- 80 g yoghurt (fedtfattig)
- 1/8 l skummetmælk (lunken eller vand)

forberedelse

1. Damp kartoflerne i skindet i cirka 20 minutter. Skræl den, mens den er varm, og

tryk den igennem en kartoffelpresser. Lad køle lidt af.

2. Bland mel, gær, sukker, æg og yoghurt i. Hæld væske i. I starten kun ca. 100ml og resten kun ved behov. Ælt dejen kraftigt med foodprocessoren i cirka 5 minutter.

3. Tilsæt eventuelt lidt mere væske, så dejen får en jævn konsistens. Dæk til og lad dejen hæve et lunt sted i ca. 45 - 30 minutter.

4. Form derefter 15 ruller og læg dem på en perforeret, smurt (eller beklædt med bagepapir) tilberedningsindsats.

5. Lad hæve i yderligere 10 minutter. Damp i 45 minutter.

37. Kartoffelspiraler på spyd

ingredienser

- 4 kartofler (store)
- 2 spsk olie
- 1 knivspids timian (tørret, gnidet)
- salt
- Peber (fra møllen)
- 4 træspyd

forberedelse

1. Til kartoffelspiralerne på spyddet skal du først forvarme ovnen til 190 ° C varmluft. Beklæd en bageplade med bagepapir. Skræl kartoflerne og kom dem i koldt vand evt.
2. Stik kartoflen på langs på et træspyd. Skær rundt med en skarp kniv op til spyddet og vend

spyddet, så der opstår spiraler. Træk lidt fra hinanden. Læg på bagepladen.
3. Bland olien med salt, peber og tørret timian og pensl kartoffelspiralerne med det. Kartoflen går i spiral på en spids i cirka 20 minutter for at bage.

38. Kartoffelpålæg

ingredienser

- 2 kartofler (f.eks. Ditta)
- 1/2 løg
- 1/2 fed hvidløg
- 2 spsk fedtfattig yoghurt
- 1 spsk creme fraiche (creme fraiche)
- Purløg (og/eller persille)
- salt
- Peber (fra møllen)

forberedelse

1. Kog kartoflerne og lad dem køle af.
2. Skræl og pres derefter kartoffelpresseren eller mos meget fint.

3. Pil og hak løget fint, knus hvidløg, skær purløg i ruller.
4. Bland kartofler, løg, hvidløg med yoghurt, creme fraiche og purløg, smag til med salt og peber.

39. Skordalia (kartoffel- og hvidløgspasta)

ingredienser

- 400 g kartofler (halvhårdtkogende)
- 4-6 fed hvidløg (meget finthakket)
- 125 ml kyllingesuppe
- 50 g oliven (sorte)
- 5 spsk olivenolie
- 1 citron
- Havsalt (fra møllen)
- Peber (fra møllen)

forberedelse

1. Kog de skrællede kartofler til de er bløde, lad dem køle af og mos dem groft med en gaffel i en skål. Rør hvidløgs- og kyllingesuppen i og

rør gradvist olivenolien i, indtil der er dannet en cremet blanding. Smag til med citronsaft, salt og peber. Udkern, hak oliven og rør derefter i. Serveres lunken eller kold.

40. Alkaliske skiver af vild hvidløg

ingredienser

- 20 g vilde hvidløg
- 100 g yoghurt (0,1 % fedt)
- 400 g kartofler (rå)
- 25 g rapsolie
- 1 g peber
- 25 ml vand
- 1 g salt

forberedelse

1. For basale vilde hvidløgsbåde skal du først vaske kartoflerne og skære dem i skiver. Purér det vilde hvidløg fint med vand og olie. Smag vild hvidløgsolien til med salt. Mariner kartoflerne med olie og bag dem i ovnen ved 180°C i ca. 30-35 minutter

(tilberedningstiden afhænger af revnernes størrelse).
2. Bland imens yoghurt med creme fraiche og smag til med salt og peber. Server alkaliske vilde hvidløgsbåde med yoghurtsauce.

41. Sildesalat med selleri

ingredienser

- 8 stykker sildefileter
- 1 æble
- 200 g kartofler (kogte)
- 3 spsk eddike
- 1 tsk sukker
- 4 spsk mayonnaise
- 250 g creme fraiche
- peber
- salt
- 2 stang(e) selleri

forberedelse

1. Udben og tør sildefileterne. Skær fileterne i små tern.
2. Skræl og skær æblet og de kogte kartofler i tern.

3. Skær sellerien i små stykker.
4. Pisk mayonnaisen med creme fraiche, eddike, sukker, peber og salt.
5. Fold sild, æblestykker, kartofler og selleri i cremefraicheblandingen.
6. Lad det trække i cirka 1 time og server derefter.

42. Lys løg fordelt med æble og bacon

ingredienser

- 200 g kartofler
- 80 g hamburgerbacon
- 1/2 løg
- 1/2 æble (surt)
- 2 spsk creme fraiche
- 1 tsk appelsinjuice
- salt
- peber

forberedelse

1. Til det lyse løg fordelt med æble og bacon, skræl og skær kartoflerne i tern og kog dem i saltet vand, indtil de er bløde. Skær baconen

i små tern og steg på en pande til den er sprød, dryp af på køkkenpapir.
2. Skær løget i små tern og kog kort over i lidt saltet vand, skyl i et dørslag og dryp godt af.
3. Skær æblet i små tern, pres kartoflerne gennem kartoffelpressen eller mos dem med en gaffel, bland det godt med cremefraiche. Tilsæt de resterende ingredienser (lad et par bacon i tern til pynt) og rør godt.
4. Til sidst krydres det lyse løgpålæg .

43. Sildesalat med pære og nødder

ingredienser

- 8 stykker sildefileter
- 200 g kartofler (kogte)
- 2 pærer
- 250 g creme fraiche
- peber
- salt
- 1 løg (lille, hakket)
- 1 tsk sukker
- 3 spsk eddike
- 4 spsk mayonnaise
- 30 g valnødder (groft hakkede)

forberedelse

1. Udben og tør sildefileterne. Skær fileterne i små tern.
2. Skræl og skær pærerne og de kogte kartofler i tern.
3. Pisk mayonnaisen med creme fraiche, eddike, sukker, peber og salt. Pil og hak løget fint og rør det i saucen.
4. Fold sild, pærestykker, valnødder og kartofler i cremefraicheblandingen.
5. Lad det trække i cirka 1 time og server derefter.

44. Sildesalat med melon

ingredienser

- 8 stykker sildefileter
- 200 g kartofler (kogte)
- 1/2 stykke sukkermelon
- 1 løg (lille, hakket)
- 1 tsk sukker
- 3 spsk eddike
- 250 g creme fraiche
- 4 spsk mayonnaise
- peber
- salt

forberedelse

1. Udben og tør sildefileterne. Skær fileterne i små tern.
2. Skræl melonen og skær den i små stykker. Skræl og skær de kogte kartofler i tern.
3. Pisk mayonnaisen med creme fraiche, eddike, sukker, peber og salt. Pil og hak løget fint og rør det i saucen.
4. Fold sildene, melonstykkerne og kartoflerne i cremefraicheblandingen.
5. Lad det trække i cirka 1 time og server derefter.

45. Kartoffelboller

ingredienser

- 600 g kartofler
- 200 gram mel
- 1 æg
- salt
- 1 knivspids muskatnød
- Mel (til rulning)
- Klaret smør (til bagning)
- Smør (flydende til at dryppe over)
- 3 spsk creme fraiche
- Kærnemælk (efter ønske, sur mælk eller yoghurt, såvel som kold)

forberedelse

1. Først koges, sigtes og skrælles kartoflerne.
2. Tryk gennem en sigte og ælt med mel, æg, salt og muskatnød til en løs dej.

3. Form først ruller så tykke som en tommelfinger af den færdige dej og skær ruller af ca. 2 til 3 cm lang med en fugtet kniv.
4. Mel godt og brun rundt i varmt klaret smør, indtil det er gyldent (en proces, der bedst gøres lag for lag, for ikke alle paunzen kan passe i én gryde).
5. Dryp den færdige Paunzen med smeltet smør og server med kærnemælk, surmælk eller yoghurt og kold surkål efter ønske.

46. Kartoffelgrøntsagsstrudel

ingredienser

- 250 g kartofler (melerede)
- 50 g gulerødder
- 200 g broccoli
- salt
- peber
- 100 g flødeost (fedtfattig)
- Friske krydderurter
- 1 stykke strudelplade
- Mælk til børstning

forberedelse

1. Til kartoffel- og grøntsagsstrudel koger du kartoflerne, lader dem køle af, skræller og

mos dem. Rens gulerødderne og skær dem i tern.
2. Vask broccoli og skær i buketter. Damp gulerødder og broccoli i lidt vand, til de er al dente. Bland kartoffelmosen med flødeosten, krydr og tilsæt de hakkede krydderurter.
3. Læg strudelpladen på en bageplade beklædt med bagepapir og fordel kartoffel- og flødeostblandingen ovenpå. Rul Studel sammen og pensl med mælk.
4. Bages i den forvarmede ovn ved 170 ° C i 30 minutter.

47. Sildesalat med appelsin

ingredienser

- 8 stykker sildefileter
- 200 g kartofler (kogte)
- 2 stykker appelsin
- salt
- 1 løg (lille, hakket)
- 1 tsk sukker
- 3 spsk eddike
- 250 g creme fraiche
- 4 spsk mayonnaise
- peber

forberedelse

6. Udben og tør sildefileterne. Skær fileterne i små tern.
7. Skræl appelsinerne, fjern det hvide skind og skær fine stykker filet ud. Skræl og skær de kogte kartofler i tern.
8. Pisk mayonnaisen med creme fraiche, eddike, sukker, peber og salt. Pil og hak løget fint og rør det i saucen.
9. Fold sildene, appelsinstykkerne og kartoflerne i cremefraicheblandingen.
10. Lad det trække i cirka 1 time og server derefter.

48. Sildesalat med druer

ingredienser

- 8 stykker sildefileter
- 200 g kartofler (kogte)
- 300 g druer
- 3 spsk eddike
- 250 g creme fraiche
- 4 spsk mayonnaise
- peber
- salt
- 1 løg (lille, hakket)
- sukker

forberedelse

6. Udben og tør sildefileterne. Skær fileterne i små tern.
7. Halver de enkelte druer. Skræl og skær de kogte kartofler i tern.
8. Pisk mayonnaisen med creme fraiche, eddike, sukker, peber og salt. Pil og hak løget fint og rør det i saucen.
9. Fold sildene, vindruestykkerne og kartoflerne i cremefraicheblandingen.
10. Lad det trække i cirka 1 time og server derefter.

49. Sildesalat med avocado

ingredienser

- 8 stykker sildefileter
- 200 g kartofler (kogte)
- 1 æble
- 4 spsk mayonnaise
- 250 g creme fraiche
- peber
- salt
- 1 løg (lille, hakket)
- 1 tsk sukker
- 3 spsk eddike
- 2 stykker avocado

forberedelse

7. Udben og tør sildefileterne. Skær fileterne i små tern.

8. Skræl og skær æblet og de kogte kartofler i tern.
9. Skræl avocadoen og skær frugtkødet i små stykker.
10. Pisk mayonnaisen med creme fraiche, eddike, sukker, peber og salt. Pil og hak løget fint og rør det i saucen.
11. Fold sildene, æblestykkerne, avocadostykkerne og kartoflerne i cremefraicheblandingen.
12. Lad det trække i cirka 1 time og server derefter.

50. stegte kartofler

ingredienser

- 500 g kartofler
- salt
- peber
- Kommen frø

forberedelse

1. Til de stegte kartofler forvarm ovnen til 180 ° C.
2. Vask kartoflerne grundigt, skræl ikke, skær dem i 1 cm tykke skiver.
3. Læg dem på en bageplade beklædt med bagepapir, krydr med salt, peber og drys eventuelt med kommen.

4. Steg de stegte kartofler i ovnen i cirka 20 minutter.

KONKLUSION

Kartofler indeholder færre kulhydrater, fylder mere og har færre kalorier end ris eller pasta. Derfor er det det perfekte tilbehør, hvis du ønsker at reducere de kalorier, du indtager.

Dens stivelse bliver til resistent stivelse efter afkøling, som ikke kan opdeles af kroppen.

Hvis planterne, så prøv altid ikke at få solen, før du høster dem. Ellers vil de producere solanin , en naturlig gift. Hvis en kartoffel bliver grøn, betyder det, at dens solaninindhold er højt, og du bør undgå at spise dem.

Nye kartofler er de mest velegnede til madlavning. Selv dem med noget skør hud tilbyder de samme næringsværdier og er lige så sunde. Søde kartofler eller søde kartofler indeholder flere naturlige sukkerarter end den klassiske version.

www.ingramcontent.com/pod-product-compliance
Lightning Source LLC
Chambersburg PA
CBHW050022130526
44590CB00042B/1541